SEFORA NELSON

DENN DU BIST BEI MIR

Psalm 23

EINE EINLADUNG ZU VERTRAUEN

Gerth Medien

Psalm 23

Ein Psalm von David

Der Herr ist mein Hirte,
mir wird nichts mangeln.
Er lagert mich auf grünen Auen,
er führt mich zu stillen Wassern.
Er erquickt meine Seele.
Er leitet mich in Pfaden der Gerechtigkeit
um seines Namens willen.
Auch wenn ich wandere im Tal des Todesschattens,
fürchte ich kein Unheil,
denn du bist bei mir;
dein Stecken und dein Stab, sie trösten mich.

Du bereitest vor mir einen Tisch
angesichts meiner Feinde;
du hast mein Haupt mit Öl gesalbt,
mein Becher fließt über.
Nur Güte und Gnade werden mir folgen
alle Tage meines Lebens;
und ich kehre zurück ins Haus des Herrn
lebenslang.

Inhalt

Einleitung

Man hätte ihn fördern sollen. Eindeutig. Mit professionellem Lautenunterricht, mit etwas Stimmbildung vielleicht. Natürlich ist man hinterher immer schlauer, aber ein zukünftiger König muss doch zumindest mal einen Kniggekurs gemacht haben, eloquent Small Talk führen können und auf jeden Fall Kriegsstragien studiert haben! Das alles kommt ja nicht von selbst. Und in jungen Jahren lernt man bekanntlich am besten. Darum war es eigentlich unverantwortlich von Vater Isai, diesen begabten Jungen zum Kleinviehhüten abzukommandieren. Was soll er denn da? Wie soll er dort all seine künstlerischen Gaben einsetzen? Da draußen, auf den Feldern, gibt es keine anderen Menschen um ihn herum, die ihn formen könnten. Keinen Mentor. Kein Vorbild.

Vielleicht hat der junge David gespürt, dass er für seinen Vater nicht nur der kleinste, sondern auch der unbedeutendste Sohn war. Als der alte Prophet Samuel im Auftrag Gottes einen der Söhne Isais zum König salben sollte, wurde David gar nicht erst gerufen. „Hier sind meine Söhne!", rief der Vater und ließ dabei stolz den Arm über die Runde seiner sieben stattlich gebauten jungen Männer schweifen, die wie bei einer Musterung in Reih und Glied standen. Hoher Besuch war gekommen, um sie zu sehen. Und David? Nicht da. Vergessen worden bei den Schafen. Er war nicht wichtig, dieser schmächtige, sonnengebräunte Jüngling.

Hat David vielleicht deshalb begonnen zu singen? Um seiner verletzten Seele Raum zu geben? Viele seiner Lieder sind ja eher Selbstgespräche. Aber ohne Melodie kommen Selbstgespräche bekanntlich etwas seltsam daher. Die Schafe hätte das sicherlich nicht gestört, aber wer weiß? Wenn man jedoch zum Selbstgespräch dezent die Laute zupft, fühlen sich die Zuhörer gleich wohler. Dann wird oft mitgeschunkelt, gewippt und applaudiert. Mit Musik darf man.

Wie oft David wohl versucht hat, sich einen Platz in dieser Welt zu erkämpfen? Ob er immer mal wieder jemanden angefleht hat, eines seiner neuen, unfertigen

Lieder anzuhören? Vielleicht hatte sein Vater ihn genau deshalb dazu eingeteilt, das Kleinvieh zu hüten. Die Brüder gingen mit ihrem kleinen Bruder nicht gerade sanft um. Sicher wurde er mehr als nur einmal fortgeschickt, als er ihren Männergesprächen lauschte. „Geh uns aus dem Weg, du eingebildeter Möchtegern!", haben sie ihn womöglich angeherrscht.

Doch dort, auf den Feldern, wo er ganz allein mit seinen Schafen war, inmitten der Natur und abseits von all den Chancen und zukunftsträchtigen Möglichkeiten, wurde David geformt. Leise, unsichtbar und doch nachhaltig. Er, der Hirtenjunge, hatte einen Hirten, der ihn nicht aus den Augen ließ. Dort hat David eine Lektion gelernt, die nicht nur das Kernstück seines größten Hits, sondern auch das Motto für sein ganzes Leben werden sollte.

Der Herr ist mein Hirte. Sicher ist Ihnen dieser Psalm vertraut, vielleicht können Sie ihn sogar auswendig. Er gehört zweifellos zu den bekanntesten Texten der Bibel. Unzählige Menschen haben sich durch die Jahrhunderte hindurch von seinen starken Bildern ansprechen, trösten und ermutigen lassen. *Der Herr ist mein Hirte. Mir wird nichts mangeln. Wenn ich auch durch dunkle Täler gehe, bist du bei mir.* Von der ersten bis zur letzten Zeile ist der

Psalm 23 eine Einladung zu vertrauen – dem Gott, der wie ein Hirte für uns Menschen sorgen will.

Kommen Sie mit auf eine Reise durch dieses wunderbare Lied – und lernen Sie Ihren guten Hirten noch tiefer kennen. Ich wünsche mir, dass Sie durch dieses Buch dazu inspiriert werden, Ihrem Versorger und Beschützer noch tiefer zu vertrauen.

Sefora Nelson

Der Herr ist mein Hirte

Die stärkste Waffe ist das Vertrauen

Ganz sicher war das Schafehüten für David kein langweiliger Zeitvertreib und auch keine Open-Air-Musikprobe. Natürlich sang David Lieder und komponierte, während die Schafe Siesta machten, aber er musste immer auf der Hut sein. Immer. Schließlich gab es Raubtiere, die es auf seine Schafe abgesehen hatten. Nicht nur einmal musste David ein Schaf aus den Klauen eines Löwen oder eines Bären reißen. Wenn man einen schmächtigen Teenager mit einem ausgewachsenen Löwen oder gar einem Bär vergleicht, ist eigentlich klar, wer hätte gewinnen müssen. Doch David kam davon, jedes Mal. Er übte gewiss neben dem Musizieren auch den Umgang mit der Steinschleuder, und zwar ganz bestimmt richtig intensiv.

David kann unmöglich ein schüchterner Jüngling gewesen sein. Kaum schickte ihn der Vater ausnahmsweise mal einen Tag nicht zu den Herden, sondern mit Proviant zu den Brüdern an die Kriegsfront, da machte David auch schon Probleme. Die Brüder bekamen genau mit, wie er sich mit den Soldaten unterhielt und sich in Diskussionen über das Kriegsgeschehen verlor. Das ging ihn doch nun wirklich nichts an! David hatte mit seinen forschen Fragen, die den blasphemischen Riesen Goliath betrafen, so sehr für Aufruhr gesorgt, dass dies bis zum König vordrang. Dieser ließ schließlich den schmächtigen David holen. Die Brüder waren außer sich vor Wut. „Wir kennen dich! Du nutzt das alles nur aus, um dir eine Schlacht anzuschauen. Musst dich überall einmischen, Kleiner!"

War der lautenspielende Jüngling in seinem Naturell vielleicht doch etwas zu forsch gewesen?

David jedenfalls trat wahnsinnig mutig und unerschrocken vor den König. Und den zitternden Soldaten verschlug es die Sprache. Ein Teenager, der es sich rausnahm, sich in kriegsstrategische Angelegenheiten einzumischen, wo gab es denn so was! Ja, kämpfen wollte David.

„Wenn dieser unbeschnittene Riese den Gott Israels so in den Schmutz zieht, dann werde ich es ihm zeigen!"

Wäre König Saul sein Mentor gewesen, hätte dieser ihm gezeigt, wie man mit einer schweren Ausrüstung kämpft. Doch David besaß nur seine Schleuder. Bei Saul hätte er gelernt, wie man sich eloquent und politisch korrekt gibt, um sich beliebt zu machen – und nicht, wie man sich einmischt und für Aufsehen sorgt. Man muss einen strategisch klugen, cleveren Plan erarbeiten. Doch der Herr, der bei David war, als Löwen und Bären auf den Weiden seines Vaters die Schafe angreifen wollten, war auch auf dem Kriegsfeld sein Hirte. „Ich komme im Namen des Herrn", rief er dem Riesen Goliath zu, als dieser sich über ihn lustig machte. Im Namen des Herrn. Er hatte ja nichts anderes. Er konnte sich weder auf eine Kriegsschule berufen noch auf eine glanzvolle Ahnenreihe von Soldaten. Selbst seine Brüder wären ihrem kleinen Bruder nicht zu Hilfe gekommen. Er hatte nur Gott. Den Herrn. *Seinen* Herrn. Und diese Wahrheit hatte er bei den Schafen gelernt. Dieser Riese Goliath, der es wagte, gegen seinen Herrn und dessen auserwähltes Volk zu lästern, war nichts anderes als ein Löwe, der es auf seine Schafe abgesehen hatte. Er musste beseitigt werden, so einfach war das (siehe 1. Samuel 17).

Rückblickend betrachtet war die Arbeit als Hirtenjunge ein Segen für David. In der Einsamkeit und ländlichen Ruhe wurde er geprägt. Nicht nur seine musikalischen Stärken konnte er dort ausbauen, sondern er wurde auch andauernd mit Schwierigkeiten konfrontiert. Feinde griffen seine Schafe an. Er musste lernen, mit Ablehnung umzugehen, mit der Überheblichkeit seiner Brüder. Er musste üben, seinen Stolz zu zähmen. Und immer wieder verarbeitete er seine Gefühle in Liedern, wandte sich damit an seinen Hirten und fand Schutz, Sicherheit und Stärke bei ihm. Vielleicht waren die Bären und Löwen, die er erschlug, so etwas wie eine Meisterprüfung im Vertrauen auf seinen Hirten.

Als Eltern, Lehrer oder Freunde bemühen wir uns darum, stets das Potenzial im anderen zu sehen, die Gaben, die Stärken, das Schöne eben. Weshalb denn ein Kind immer nur ermahnen, dass es zu langsam ist? Oder zu schnell weint oder wütend wird? Es hat doch Gaben und Potenzial! *Das* muss schließlich gefördert werden. Nach der Schule eben noch Tanzunterricht, Schach oder Handball. Die Stärken müssen gestärkt werden. Doch wenn die Schwäche eine Schwäche bleibt, kann sie der hochgezüchteten Begabung in der Zukunft auch mal ganz gemein ein Bein stellen. Wir vergessen oft, dass „die andere Seite", der Umgang mit Schwierigkeiten, genauso geformt und geprägt werden muss.

Je größer die Gabe, desto größer die Aufgabe. Je größer die Aufgabe, umso mehr müssen beide Seiten – die Gaben und die Schwächen – geschliffen und geprägt werden.

Wem vertraue ich mein Leben, meine Zeit, meine Chancen, meine Schwächen und meine Möglichkeiten an? Kann ich wirklich sagen: Der Herr ist mein Hirte?

Was mich an Davids Geschichte so fasziniert, ist, dass der Junge nicht nur lernte, Gott zu vertrauen, sondern auch ganz praktische Dinge. Zum Beispiel: Wie gehe ich damit um, wenn ich enttäuscht werde? Wenn ich wütend, traurig oder hoffnungslos bin? Drücke ich es weg? Schlucke ich es runter? Lenke ich mich ab? David hat seinen Gefühlen Raum gegeben. Sie Gott zugesungen. Was für eine Kampfstrategie! Er wusste damals, als Hirtenjunge, noch nicht, dass er sie einmal bitterlich brauchen würde, später, als seine Freunde ihn verlassen würden, er von Feinden umringt sein und mit Morddrohungen würde zurechtkommen müssen. Bei den Schafen lernte er, was er tun musste, wenn seine Seele resignieren wollte. Er sprach mit ihr und erinnerte sie daran, dass es sich lohnt, seine Hoffnung auf Gott zu setzen. David entschied sich immer wieder, trotz seiner negativen Gefühle Gott zu loben:

Was beugst du dich nieder, meine Seele, und bist unruhig in mir? Harre auf Gott, denn ich werde ihn noch preisen.
Psalm 42,6

Diese Strategie – sein unerschütterliches Vertrauen – wurde seine Waffe. Genauso wie seine Schleuder. Sie musste sofort griffbereit sein, wenn Gefahr drohte. Er musste so lange üben, bis er damit von Weitem genau zielen konnte. Nur so war er darauf vorbereitet, einen Löwen zu erledigen … und eines Tages einen Riesen.

Welchen Schwierigkeiten sind Sie derzeit ausgesetzt? Wie meistern Sie sie? Haben Sie eine Kampfstrategie? Worin besteht sie? Haben Sie Ihre „Steinschleuder“ sofort griffbereit, wenn Gefahr kommt und Sie runterziehen will? Es wäre fatal, die Hände in den Schoß zu legen und zu warten, bis Sie endlich die Arbeitsstelle, die so gar nicht Ihren Begabungen entspricht, wechseln können. Oder bis die Warteschleife ein Ende hat und das Leben endlich losgeht … Bis der richtige Partner kommt. Die perfekte Gesundheit. Der ideale Kontostand.

Stellen Sie sich mal vor, dass Sie den Herausforderungen des vermeintlich perfekten Umfeldes gar nicht gewachsen wären, weil Sie es verpasst hätten, sich hier und jetzt Ihre persönliche Kampfstrategie anzueignen.

Zu trainieren, mit Frust umzugehen. Ihren Schmerz anzuschauen und ihn eben nicht wegzudrücken. Gottvertrauen zu entwickeln. Ist er Ihr Hirte? Darf er Sie leiten? Glauben Sie, dass er Sie gerade jetzt im Blick hat – oder erst dann, wenn sich alles geordnet hat? Ist Ihr Vertrauen in ihn so groß, dass Sie sich ihm anvertrauen können mit allem, was Sie heute ausmacht?

David wusste, wer sein Hirte war, und konnte mit diesem Wissen dem Riesen gelassen gegenübertreten. Ohne schwere Rüstung. Ohne Armee. Nur mit seinem Gott an der Seite und seiner Waffe, der Steinschleuder, in der Hand.

Wenn es hart auf hart kommt, brauchen Sie eine Waffe, mit der Sie arbeiten können. Sie können sich keine irgendwo ausleihen. Nein, es muss Ihre eigene sein. Eine, mit der Sie trainieren können.

Vielleicht ist Ihre größte Hürde in diesem Moment, dass Sie sich nicht vorstellen können, dass Gott Ihr Hirte sein möchte. Dass er Sie sieht und im Blick behält. Genau jetzt. Sie sehen nur Ihr unperfektes Leben, fühlen nur Ihre eigene Kraft- und Orientierungslosigkeit. Aber Gott sieht weiter und möchte Sie fürsorglich begleiten.

Wunder

Ich weiß, es geschehen Wunder
überall auf dieser Welt.
Jeder neue Atemzug ist Gottes Geschenk.
Ich weiß, die schönsten Dinge
kann man nicht mit Augen sehn.
Die große, unsichtbare Welt muss man
im Herzen verstehn.

Doch ich fühle hier nur meine Kraft.
Mein Denken ist so klein, so schwach,
seh keinen Schritt mehr weiter.

Ich brauch ein Wunder
in dieser dunklen Nacht.
Zeig mir ein Wunder,
eine sternenklare Nacht.
Schenk mir ein Wunder.

Ich weiß, dass du immer hier bist,
auch wenn ich dich nicht seh.
Du kennst den Schritt, der vor mir liegt,
noch bevor ich ihn geh.
Dein Geist in meinem Herzen
zieht mich hin zu dir,
zeigt mir deine neue Welt
und eröffnet sie mir.

Doch gerade jetzt, gerade hier
bist du wirklich nah bei mir.
Ich fühle mich alleine.

Ich will weiter glauben, als meine Augen sehn,
und auf Meereswogen dir entgegengehen.
Ich streck mich aus nach dir, ergreife deine Hand,
und meine Finger berühren dein Gewand.

Er ist da, als Ihr Hirte. Jetzt. Versuchen Sie, sich das immer wieder vor Augen zu führen. Stellen Sie sich Ihrem jetzigen, unperfekten Umfeld, und lernen Sie, was es zu lernen gibt. Lassen Sie sich führen von dem Hirten, der es gut mit Ihnen meint. Und der auch Unperfektes gebrauchen kann, um Ihnen wertvolle Lektionen zu erteilen. Ärgern Sie sich nicht über die Bären oder Löwen in Ihrem Leben. Vielleicht geht es gar nicht um sie. Vielleicht sind diese Herausforderungen nur eine Zwischenprüfung, die Sie auf den Riesen vorbereiten sollen.

Davids Strategie war das Vertrauen in seinen guten Hirten – aber auch der Dank. Wenn Sie also zwischendurch den Mut verlieren und Ihnen das Herz schwer wird, entscheiden Sie sich, Ihrem Hirten zu vertrauen. Und ihn zu loben. Trotz allem. Auch wenn Sie das mit dem Loben nicht so recht hinbekommen. Trauen Sie ihm zu, dass er Sie nicht aus den Augen verliert, Sie nicht aufgibt, sondern Sie ausbilden möchte – ähnlich wie ein Sonderkommando, eine Spezialeinheit. Woher wollen Sie denn wissen, wer morgen zu Besuch kommen und genau Sie aufsuchen wird? Woher wollen Sie wissen, wo die Reise hingeht, wenn Sie sich auf das Abenteuer einlassen, sich von Ihrem Hirten führen zu lassen?

David versuchte mit allen Mitteln, seinem Vater die Schafe wohlbehalten, vollzählig und gesund wiederzubringen. Er war der Hirte, und er wusste, was sie brauchten: Bewegung, Ruhe, Pausen, Wasser, Futter und Schutz. Er muss einfach geglaubt haben, dass Gott in einer ähnlichen Weise für ihn sorgt. Dass er ihn schützt und führt und dass er ihn mit allem, was er braucht, versorgt.

Mit welcher Zuversicht müssten wir – erhobenen Hauptes – durch alle Höhen und Tiefen des Lebens gehen, wenn wir den Schwierigkeiten mit dieser Gewissheit entgegentreten könnten!

Der Herr ist mein Hirte.

Kann ich meinen guten Hirten sehen? Genau hier, neben mir, hinter mir und vor mir? Kann ich mich darauf einlassen, von ihm geführt und versorgt zu werden? Ihm mehr zu vertrauen? Mehr noch als meinen Beziehungen, meiner stabilen Gesundheit, meinem gefüllten Konto oder meinen Fähigkeiten?

Darf er mein Hirte sein?

Nur wenn ich von Herzen diesen ersten Teil des Satzes beten kann, ergibt auch die zweite Hälfte Sinn: … *mir wird nichts mangeln.*

Mir wird nichts mangeln

Unser Hirte weiß, was wir brauchen

Das wäre es doch. Die ultimative Versicherungspolice: „Wenn Sie sich für den Herrn als Hirten entscheiden, werden Sie immer haben, was Sie brauchen. Hier bitte unterschreiben." Was für ein Deal!

Stolpern auch Sie beim Lesen des Psalms auch an der Stelle: … *mir wird nicht mangeln*? Am liebsten würde ich hier etwas schneller lesen, um dann wieder bei den grünen Auen zu landen. Haben Sie immer gehofft, dass Ihre Kinder nicht fragen werden, was es heißt, dass einem nichts mangelt? Ich auch. Und es fallen mir unzählige Dinge ein, die ich noch bräuchte. Und ich habe die vielen Menschen vor Augen, die fast nichts besitzen.

Wie würde es denn aussehen, so ein Leben ohne Mangel? Gibt es das überhaupt?

Ja – ganz früher einmal gab es das: vor der Sintflut, vor allem Neid und aller Missgunst, vor dem ersten Mord. Vor der Trennung zwischen Gott und dem Menschen. Als Gott die Erde, die Tiere, die Pflanzen, den Mond, die Sterne und schließlich den Menschen erschaffen hatte, war alles perfekt. Ohne einen Mangel. Können Sie sich das vorstellen? Ohne Mangel! – Natürlich war alles erst perfekt, *nachdem* die Frau erschaffen wurde, ist ja klar. Vorher war zwar alles von Gott Erschaffene gut, sehr gut sogar, aber irgendwie noch unvollständig. Dem Mann fehlte etwas. Dann kam Gott *die* Idee: „Wir werden eine Frau machen!" So ließ er Adam in einen tiefen Schlaf sinken und entnahm ihm eine Rippe. Das geht, damit kann man leben, da hat man ja einige davon. Und er formte aus der Rippe eine Frau. Voilà! Wie Adam sich wohl gefühlt haben muss, als er aufwachte und diese perfekte „Menschin" vor ihm stehen sah? Eva. Die Männin. Die Frau, die Leben gibt. Endlich perfekt. Endlich keinen Mangel mehr.

Man muss sich das mal vorstellen: Alles war perfekt. Die beiden lebten in einer harmonischen Beziehung zu Gott, miteinander, mit den Tieren, mit der gesamten

Natur. Keiner von uns kann jemals nachempfinden, wie das gewesen sein muss. Damals kannte man weder Unkraut, gefährliche Tiere, Cellulitis und Eheprobleme noch die Frage, ob es Gott wirklich gibt. Er selbst ging ja täglich mit ihnen im Garten spazieren. Es war die perfekte Harmonie. Nicht einmal eine Vorstellung von Mangel gab es. Bis zu dem Tag, an dem die Schlange den Gedanken daran erstmals durch suggestive Fragen und durch clevere Versprechen in Eva wachküsste. Vielleicht hatte sie ja doch nicht alles? Vielleicht wurde ihr willentlich etwas Gutes vorenthalten?

Und die Schlange war listiger als alle Tiere des Feldes, die Gott, der Herr, gemacht hatte; und sie sprach zu der Frau: Hat Gott wirklich gesagt: Von allen Bäumen des Gartens dürft ihr nicht essen?
1. Mose 3,1

Das war eine wirklich listige Frage. Wie vollkommen anders es Gott doch gesagt hatte!

Und Gott, der Herr, gebot dem Menschen und sprach: Von jedem Baum des Gartens darfst du [nach Belieben] essen; aber vom Baum der Erkenntnis des Guten und Bösen,

davon darfst du nicht essen; denn an dem Tag, da du davon isst, musst du sterben!
1. Mose 2,16–17

Das klingt doch komplett anders! Bei Gott steht die Freiheit im Vordergrund. Von jedem Baum durften Adam und Eva essen. Nur eine kleine Einschränkung gab es. Und der Grund des Verbots bzw. des Ratschlags wurde dem Paar nicht vorenthalten. Bei der Schlange jedoch stand das Verbot im Vordergrund und sie übertrieb dann auch noch mächtig. In ihrer Frage hört sich das Ganze dann so an, als ob Eva nichts darf, nichts bekommt. Die Schlange tut so, als ob Eva etwas vorenthalten wurde. Dabei durften sie und Adam „nach Belieben" essen. Das Verbot Gottes war als ein Segen für die Menschen gedacht – denn es war nie im Sinne Gottes, dass wir Menschen das Böse kennenlernen und sterben müssen.

Dürft ihr wirklich nicht? Diese Frage ist oft die erste, die Christen gestellt wird. Das darfst du alles nicht? Was, nur *ein* Partner fürs Leben? Nicht schummeln? Nicht saufen?

In Evas Ohren klang das Angebot der Schlange einfach zu gut. Und machte doch irgendwie auch Sinn. Eva konnte nicht widerstehen und gab letztlich nach, aß von der verbotenen Frucht. Was danach geschah, war dramatisch und hat den Kurs ihrer Geschichte, unserer Geschichte und der Geschichte unserer Kinder für immer verändert. Neben den körperlichen Konsequenzen für Mensch und Tier und der Verbannung aus dem „Land ohne Mangel" ist unser Erbe, dass wir von Gott getrennt sind. Ganz automatisch werden wir in diese Trennung hineingeboren. In dem Augenblick, als Adam und Eva von der verbotenen Frucht aßen, wurde diese Trennung wirksam. Was für eine Geschichte! Zum Glück muss sie nicht so dramatisch enden. Aber wir sind Teil dieser Geschichte, ein Teil vom großen Plan, den Gott mit dieser Welt hat.

Teil dieser Geschichte

Am Anfang war die Erde
noch dunkel, wüst und leer,
nur ein Wort aus deinem Munde,
da war Licht, Himmel und Meer,
wolltest du den Menschen machen,
nach deinem Ebenbild.
Du hast Mann und Frau geschaffen
und sie über die Erde gestellt.

Wir sind Teil dieser Geschichte,
ein Teil vom großen Plan.
Wir sind Teil deiner Geschichte,
die vor uns begann
und nach uns weitergeht.
Die Sünde schnitt den Weg ab,
der zum Vater führen kann.

Hast bezahlt mit deinem Leben,
starbst am Kreuz als Opferlamm.
Doch der Tod ist überwunden,
seit du auferstanden bist.
Bist der Weg, die Wahrheit,
das Leben,
der stets war und ewig ist.

Als Salz und Licht der Erde
sendest du uns in die Welt,
gibst uns deine Kraft und Gaben,
wie es deinem Geist gefällt.
Dort im Hause deines Vaters
hältst du Raum für uns bereit.
Du bleibst bei uns alle Tage,
bis wir sehn deine Herrlichkeit.

Jesus hat die Trennung zum Vater aufgehoben, indem er stellvertretend unseren Tod starb. Jetzt ist eine Beziehung zu Gott wieder möglich. Doch dieses Angebot muss man einlösen, wie einen Lottogewinn, sonst verfällt es. Automatisch wird der Weg zu Gott nicht frei. Aber auch nicht durch Spenden, regelmäßigen Kirchgang oder gute Sitten. Es ist allein durch die Gnade möglich, eine Beziehung zu Gott, dem Vater, zu haben. Da kann man als Schäfchen noch so aufrecht und erhobenenen Hauptes durch die Gegend laufen, verdienen kann man sich dieses Geschenk nicht. Der gute Hirte kaufte uns, seine Schäfchen, frei, als wir noch ganz schmuddelig und verdreckt waren.

Ich kann mich noch gut daran erinnern, wie ich in der Sonntagsschule, die an jenem Sonntag ausnahmsweise von meinem Onkel geleitet wurde, aus allen Wolken fiel. An der schwarzen Flanelltafel hingen immer, passend zur jeweiligen Geschichte, biblische Figuren aus angemalter Pappe. „Nur, weil man Eltern hat, die sich entschieden haben, Christen zu sein", erklärte mein Onkel, „heißt das nicht, sie können für ihre Kinder mitentscheiden. Das kann nur jeder für sich selbst entscheiden." Machte irgendwie Sinn. Sicher hatte ich das schon viele Male gehört, aber an jenem Abend ging es mir noch lange nach.

Es hatte sich immer gut angefühlt, Eltern zu haben, die so treu ihren Weg mit Jesus gingen. Bei uns zu Hause wurde vor dem Essen gebetet, jeden Sonntag fuhren wir eine weite Strecke zum Gottesdienst. Papa predigte und Mama leitete den Chor und die Sonntagsschule. Da ist man doch in guten Händen, nicht wahr? Außerdem verwendeten wir keine Schimpfwörter, so wie die Nachbarn es taten. Die gingen ja nicht mal in die Kirche … An jenem Abend war mir, als stünde ich ganz alleine vor Gott. Auf einmal wurde ich mir meiner Schuld bewusst. Es war ein heiliger Moment. Nicht etwa angenehm, aber es war, als würden mir zum ersten Mal die Augen geöffnet. Ich sah, wo ich versagt hatte. Wo ich gelogen, geschummelt oder unrecht getan hatte. Und ich begriff plötzlich, dass er, Gott, dafür ans Kreuz ging. Für mich. Das hat mich unglaublich bewegt. Und damals – ich war gerade mal neun Jahre alt – habe ich meine Reise als entschiedene Christin begonnen. Eine Reise, die mich die folgenden Jahre durch viele Täler und über viele Berge führen würde … Immer wieder stand ich auf diesem Weg vor der Entscheidung: Will ich das Angebot annehmen?

Doch genau das – mein Einverständnis, meine Entscheidung – ist Begegnung mit Gott, der Anfang einer Beziehung, ein Funke. Es ist der Heilige Geist, der uns zu sich zieht, uns die Augen des Herzens öffnet und uns zu Gott hinliebt. An diesem Ort ist alles vollkommen. Selbst dann, wenn um uns herum alles stürmt und tobt. Dort ist unser Zuhause, dort gehören wir hin. Dort sind wir in Sicherheit. Dort herrscht kein Mangel.

Deshalb kann ich David gut verstehen, wenn er sagt, dass er keinen Mangel leidet, wenn der Herr sein Hirte ist. Wenn ich das Geschenk seiner Vergebung annehme und endlich wieder mit dem Vater versöhnt bin, bin ich zu Hause. Da kann mir niemand was. Selbst wenn mir hier auf der Erde alles genommen wird, *das* kann mir niemand nehmen. Seine Versprechen, seine Liebe, seine Fürsorge sind mein. Für immer.

Nachdem der Sklavenhändler John Newton einen schweren Seesturm überlebt hatte, war nichts mehr wie zuvor. Er hängte seine Kapitänsuniform an den Nagel und setzte sich für die Abschaffung der Sklaverei ein. In diesem Sturm hatte er zum ersten Mal klar gesehen. Sein Leben, Gott. Und bekam noch mal eine Chance, anders zu leben. 1772 schrieb er das bekannte Lied „Amazing Grace“. So schrecklich, wie die Erinnerungen an die Sklavenhändler auch waren, der Name Jesus heilte alle seine Schuld. Der Name des Höchsten war es, der ihn rettete.

Amazing Grace

Amazing grace, how sweet the sound
that saved a wretch like me.
I once was lost, but now I am found,
was blind, but now I see.

Erstaunliche Gnade, wie süß der Klang,
die einen armen Sünder wie mich errettete!
Ich war einst verloren, aber nun bin ich gefunden,
war blind, aber nun sehe ich.

John Newton

Hatte John Newton denn keinen Mangel empfunden, als er sein neues Leben begann? Doch, ganz bestimmt. Er hatte keinen prestigeträchtigen Job mehr, und war nun, als Geistlicher, auch noch unter die Liederschreiber gegangen. Früher, da war er ein junger, strammer Kapitän, ein angesehener Sklavenhändler gewesen. Und nun nur noch ein Liederschreiber? Pah!

Ja, John Newton hatte vieles verloren. Und doch schrieb er in seinem Lied von einer unbeschreiblichen Gnade, die ihn gefunden hatte.

Auch Paulus wurde von dieser großen Gnade erfasst. Er, der „einen Dorn im Fleisch" hatte. Liebe Güte, ein Dorn im Fleisch! Das klingt ganz schön herb, so wie Luther das übersetzt hat. Dieser „Dorn" war sicher kein kleiner Splitter, sondern wahrscheinlich etwas, das ihn erheblich einschränkte, ihm das Leben schwer machte, ein Leid, das er sich sehnlichst wegwünschte. Mehrere Male hatte er Gott angefleht, er möge dieses Problem doch bitte wegnehmen, aber er tat es nicht. Warum nicht? Gott hat doch so viele andere Menschen geheilt, Blinde, Stumme, Krüppel, Lahme! Warum tat er bei Paulus nichts?

Ich glaube, Gott wollte ihm mehr geben. Er erwiderte ihm: „Lass dir an meiner Gnade genügen" (2. Korinther 12,9; LÜ).

Was, bitte schön, hat denn Gnade mit seinem persönlichen Schmerz zu tun?, werden Sie jetzt vielleicht fragen. Ich denke, Gott hat Paulus eine Perspektive aufgezeigt, die ihn durch seinen Schmerz hindurchtragen sollte, ihn daran erinnern sollte, was wirklich zählt, worauf es wirklich ankommt. Diese Gnade, die auch Sie und ich empfangen haben, kannte Paulus nur zu gut. Er hatte zunächst als Christenverfolger Karriere gemacht. Nur war er auf der falschen Seite und wusste es nicht einmal. So wie auch John Newton. So wie viele von uns. Bis Gott ihm eines Tages ganz persönlich begegnet ist. Ein Licht kam plötzlich vom Himmel und Paulus fiel buchstäblich vom Pferd. Drei Tage lang war er mit Blindheit geschlagen, und dann hat er, als er wieder die Augen öffnen konnte, sein Leben neu beginnen dürfen. Dieses Mal auf der anderen Seite. Und das war ihm mehr wert als aller Ruhm der Welt. Jetzt war er nicht mehr der große Saulus, der eine steile Karriere hingelegt und mit seinen Abzeichen für Aufsehen gesorgt hatte. Jetzt wurde er seines Glaubens wegen regelmäßig ins Gefängnis gesperrt und mehrere Male brutal ausgepeitscht. Glamourös war an seinem Leben absolut gar nichts mehr. Doch er bekannte:

Jesus Christus, meinen Herrn, zu kennen ist etwas so unüberbietbar Großes, dass ich, wenn ich mich auf irgendetwas anderes verlassen würde, nur verlieren könnte. Seinetwegen habe ich allem, was mir früher ein Gewinn zu sein schien, den Rücken gekehrt; es ist in meinen Augen nichts anderes als Müll. Denn der Gewinn, nach dem ich strebe, ist Christus; es ist mein tiefster Wunsch, mit ihm verbunden zu sein.
Philipper 3,8–9a; NGÜ

Selbst wenn wir uns heute aus diesem Leben verabschieden müssten: Auf uns wartet eine himmlische Heimat, unser Vater und ewiges Leben mit ihm.

Aber schon hier und jetzt leben wir mit ihm und er in uns, wenn wir sein geworden sind. Somit ist das Leben auch auf der „irdischen Seite" ein großer Gewinn. „Ich bleibe bei euch alle Tage", hat Jesus kurz vor seiner Himmelfahrt versprochen. Sein Geist wird uns führen, leiten, lehren und trösten.

Wenn ich also einen Gott habe, von dem ich mich geliebt weiß, der es gut mit mir meint, habe ich doch alles, was ich brauche. Vielleicht nicht alles, was ich mir wünsche, aber alles Notwendige. Und es wird gut sein. Ich brauche mich nicht zu sorgen. In der Beziehung zu ihm darf mein Getriebensein und mein Verlangen nach Mehr schweigen. Er ist mein Hirte – und es wird mir nichts mangeln.

Er lagert mich auf grünen Auen und führt mich zu stillen Wassern

Unser Problem mit der Ruhe

Ich liebe meinen Schlaf und brauche zwischen acht und neun Stunden pro Nacht, damit es mir richtig gut geht und auch meine Mitmenschen Freude an mir haben. Und ab und zu packe ich noch einen Mittagschlaf obendrauf. Zum Glück kann ich im Tourbus und in Hotelbetten schlafen, sonst würde ich diese Arbeit als tourende Künstlerin nicht lange durchhalten.

Während mein Mann Keith zum Entspannen noch einen Film schaut und Freundinnen abends noch ausgehen, geht Sefora schlafen. Langweilig, ich weiß. Aber für mich ist Schlafen Luxus, ein Genuss. Ausgeschlafen kann ich arbeiten, leben, lieben und glücklich sein.

Aber mit der aktiven Ruhe ist es für mich trotzdem nicht so einfach. Das zeigte sich gerade vor ein paar Tagen.

Ich habe seit Monaten das Gefühl, dass meine Stimme nicht in Topform ist. Sie klingt irgendwie hauchiger, rauer und bricht in der Mittellage ab. Irgendwie ist sie nicht mehr klar und leicht, eher schwer und mühsam. Natürlich weiß ich, dass nach über hundert Events im Jahr die Stimme ganz klar etwas ermüdet, aber vielleicht müsste ich doch jetzt nur an einem technischen Schräubchen drehen, die Milch weglassen oder so, und es wäre wieder wie während des Gesangsstudiums? Dort habe ich doch auch an einem ganz normalen Tag zwei Stunden trainiert. Und an einem Konzerttag weitaus mehr.

Als ich dann endlich beim Phoniater (Facharzt für die Stimme) saß, schaute der sich die Stimmbänder beim Singen genau mit der Kamera an und sagte dann mit besorgtem Blick: „Sieht nicht gut aus, sieht gar nicht gut aus."

Etwas erschrocken über sein Statement fragte ich ihn: „Im Ernst? Und nun? Was kann ich denn tun?" Ich dachte bei meiner Frage schon weiter und war gespannt auf seinen fachkundigen Vorschlag. Vielleicht eine neue Therapieform oder ein neues, pflanzliches Medikament. Das Bett am Kopfende etwas höher stellen oder vielleicht einen Luftbefeuchter mit auf Tour nehmen? Ganz sicher wäre eine Art sanfter Ausdauersport und eine stimmfreundliche Diät zu empfehlen …

„Also, ich würde sagen, ein paar Monate die Klappe halten“, sagte der Arzt nüchtern und gleichzeitig fast lächelnd, so, als ahnte er, dass ich mich an eine solche Verordnung ohnehin nicht halten würde.

„Sie meinen: nicht singen, nicht sprechen?“, fragte ich entsetzt. Ich traute meinen Ohren nicht.

Moment! Da hat er sicher ein paar Optionen vergessen. Da gibt es doch eine neue Therapie, von der ich kürzlich gehört habe. Eine, bei der mit elektrischen Impulsen gearbeitet wird. Ich könnte mir auch vorstellen, auf Schokolade zu verzichten. Das habe ich zwar noch nie lange durchgehalten, aber ich würde es probieren. Wenn's vom Arzt verordnet wird, muss man sich dran halten, ja. Aber still sein? Nichts sagen, nicht singen?

Sofort schossen mir weitere Fragen durch den Kopf: Was ist mit den Konzerten, die anstehen? Könnte ich es übers Herz bringen, die alle abzusagen?

Als ich nach dem Arztbesuch Keith die Sache erzählte, meinte er kurz entschlossen: „Wir legen einfach keine neuen Events auf das nächste halbe Jahr.“ Das klang vernünftig und weise. Aber ganz ehrlich: Das wird mir schwerfallen. Sehr schwer sogar.

Denn mit meinem Musikerdasein sichern wir als Familie unser Einkommen. Auf diese Weise können wir mehr oder weniger in einem Jahr verdienen. Das Weniger ist es, was mir nun Sorgen macht.

Nichts tun würde bedeuten, komplett darauf zu vertrauen, dass wir es trotzdem irgendwie schaffen. Dass unser Hirte uns versorgt, wenn wir es nicht mehr können. Dass Keith vielleicht wieder arbeiten geht und wir alles umstrukturieren … Vertrauen.

Ist das der Kern unseres Problems mit der Ruhe? Wollen wir deshalb nicht gelagert werden auf grünen Auen und zu stillen Wassern geführt werden?

Kann ich mich zur Ruhe legen, wenn er mich lagern will? Kann ich ihm vertrauen, dass mir nichts mangeln wird?

Warum sind wir so getrieben? Warum ist uns komplette Ruhe so unheimlich? Warum fühlen wir uns fast schon schuldig, wenn wir uns mal ausruhen? Weshalb gestehen wir uns Ausruhen nur zu, wenn wir krank sind und es gar nicht mehr anders geht? Was genau ist unser Problem mit der Ruhe?

Obwohl wir den Gedanken, auszuruhen, lieben und uns den Urlaub herbeisehnen, den Feierabend, die Pause, fällt es den meisten von uns trotzdem schwer zu ruhen. Genauso wie den Schafen. Eine der größten Herausforderungen für einen Hirten ist es, die Schafe dazu zu bringen, sich hinzulegen. Aus irgendwelchen Gründen haben sie es nicht leicht damit, sich lagern zu lassen. Auch wir ruhen nicht automatisch, wenn uns der Hirte zu saftig grünen Wiesen führt und zu uns sagt: „Schau mal, hier darfst du dich ausruhen." Die Herausforderung besteht darin, dass wir nun *aktiv* werden müssen. Das Ausruhen kann niemand für uns übernehmen, nicht einmal der gute Hirte. Das müssen wir schon selbst. Er gibt uns nur den geeigneten Rahmen, den Raum und die Zeit. Ruhen bedeutet eben nicht Nichtstun, sondern ist etwas Aktives, Heiliges.

So wurden der Himmel und die Erde und all ihr Heer vollendet. Und Gott vollendete am siebten Tag sein Werk, das er gemacht hatte; und er ruhte am siebten Tag von all seinem Werk, das er gemacht hatte. Und Gott segnete den siebten Tag und heiligte ihn; denn an ihm ruhte er von

all seinem Werk, das Gott geschaffen hatte, indem er es machte.
1. Mose 2,1–3

Was Gott vorhatte, war vollendet, und danach ruhte er.

Ruhe stand schon vor dem Sündenfall auf dem göttlichen Wochenplan. Ein ganzer Tag. Es war ein heiliger, gesegneter Tag.

Sicher war Gott nicht müde, sodass er es für notwendig hielt auszuruhen. Er hätte bestimmt noch fröhlich weiterkreieren können. Noch etwas an den männlichen Muskeln arbeiten können, der Frau noch etwas mehr Volumen ins Haar geben oder noch ein wenig mit den Farbnuancen spielen können …

„Langweilig wird's einem nie, man findet ja immer was zu tun", pflegen sich die fleißigen, aufopfernden Hausfrauen gegenseitig beim Fensterputzen zuzurufen. Aber der Schöpfer der Welt tat einen Tag lang nichts dergleichen. Man kann aber auch nicht sagen, dass er *nichts* tat. Er ruhte.

Die Sache mit der Ruhe war Gott so wichtig, dass eines der Zehn Gebote eine Ruheverordnung wurde. Eine Verordnung, einen Tag in der Woche zu halten, an dem man nicht arbeitet.

Gedenke des Sabbattages, ihn zu heiligen. Sechs Tage sollst du arbeiten und all dein Werk tun; aber der siebte Tag ist Sabbat dem Herrn, deinem Gott. Du sollst keinerlei Werk tun, du und dein Sohn und deine Tochter, dein Knecht und deine Magd und dein Vieh und dein Fremder, der in deinen Toren ist. Denn in sechs Tagen hat der Herr den Himmel und die Erde gemacht, das Meer und alles was in ihnen ist, und er ruhte am siebten Tag; darum segnete der Herr den Sabbattag und heiligte ihn.
2. Mose 20,8–11

Wieso schaffen wir es nicht zu ruhen? Nehmen wir uns zu viel vor? Wollen wir uns nicht zufriedengeben mit dem, was wir geschafft haben? Schämen wir uns wirklich dafür, nach getaner Arbeit im Liegestuhl auf der Terrasse zu liegen?

Als guter Hirte wusste David, dass die Schafe seines Vaters nur gesund bleiben würden, wenn er sie weiden würde und sie ausruhen durften.

Hand aufs Herz: Liegen nicht viele der Probleme in unserer heutigen Gesellschaft an unserem Mangel an Ruhe? So viele unserer Probleme, ob allgemein gesundheitlicher oder psychischer Art, gibt es heute doch genau aus diesem Grund. Ruhe hat ihren Platz in unserer immer schnelllebigeren Zeit verloren. Wir müssen erreichbar sein, wenn wir erfolgreich sein wollen, und zwar immer, zu jeder Tages- und Nachtzeit, auch am Wochenende. Alles muss fix gehen: im Restaurant, beim Einkaufen, beim Essenkochen. Wir wollen das Maximum aus unserem Tag rausholen – und bleiben am Ende dabei selbst auf der Strecke.

Wir müssen sie uns wieder holen, die Ruhe! Eigentlich ist das nicht so schwer. Das, was uns zurückhält, uns Ruhe zu gönnen und zu genießen, ist sicher mangelndes Vertrauen.

Als Selbstständiger entscheidet man ja zum größten Teil selbst, wann und wie viel man arbeitet. Aber auch als Angestellter hat man die Gestaltung seines Lebens weitgehend in der Hand. Wie viel nehme ich mir für heute oder für diese Woche vor? Wie viel Prozent arbeite ich? Wo engagiere ich mich ehrenamtlich?

Statt uns mit diesen Fragen zu beschäftigen, kommt doch viel eher der Instinkt in uns hoch:

„Sag mir, was ich tun muss, um weiterzukommen, und ich werde versuchen, es zu tun. Sag mir, was ich bezahlen muss, um aus diesem Problem herauszukommen, und ich werde irgendwie versuchen, es zu finanzieren. Zeig mir, mit wem ich sprechen muss oder welches Buch ich lesen muss, um einen guten Ratschlag zu bekommen, und ich werde es irgendwie ermöglichen. Sag mir, wie viel Zeit ich für dieses Projekt investieren muss, ich werde sie gerne woanders abzwacken. Aber bitte sag mir nicht, ich solle ruhen!“

Wir messen der Stille keinen hohen Stellenwert mehr bei. Wir denken, wir wüssten es besser als der Schöpfer selbst, der uns Ruhe vorgelebt und sogar verordnet hat.

Ich habe zwei Arten von Menschen beobachtet, die gelernt haben, zur Ruhe zu kommen:

Die einen gehören zu der Gruppe, die entweder von Natur aus oder aus einer Lebensentwurfsentscheidung heraus ihr Ziel nicht so hoch steckt. Diese Menschen sind genügsam, haben ihre Prioritäten geordnet und bekommen das ihr ganzes Leben lang irgendwie hin.

Die andere Gruppe hat es schmerzhaft lernen müssen, dass immer Vollgas nicht geht, weil nach Jahren die Quittung kam: Erschöpfung, Depression, Burn-out. Jetzt erreichen diese Menschen nicht mehr das frühere Pensum, sind schneller außer Puste und haben nicht mehr die gleiche Energie wie vor dem Zusammenbruch. Was sie geändert haben? Sie planen mehr Ruhepausen ein. Einen Tag in der Woche komplett frei und zwischendurch regelmäßige Ruhe-Oasen. Was sie im Rückblick anders gemacht hätten? Sie hätten es schon früher getan, da hätten sie sich viel Ärger erspart …

Eigentlich fatal, dass wir oft denken, wir hätten unerschöpfliche Ressourcen. Aber die Energie, das, was wir uns so sehr wünschen, können wir nicht selbst produzieren. Sie kommt von Gott. Sie wird uns in der Ruhe geschenkt.

Er erquickt meine Seele

Lebensenergie ist ein Geschenk

Man sagt ja so sinngemäß: „Wenn Männer krank sind, geht die Welt unter." Da wird gejammert und nach der Mama gerufen und es ist in ihrer Gegenwart nicht auszuhalten. Die Frauen stecken das Kranksein oft weg, stehen bei Fieber auf und managen den Haushalt und die Kinder. Von wegen schwaches Geschlecht! Die Männer werden zu Waschlappen, wenn ein Schnupfen sie heimgesucht hat, und dann kommt jede Hilfe zu spät.

Nun, bei den Nelsons ist das andersherum. Ich kann mich zwar sehr stabiler Gesundheit erfreuen, nehme fast nie ein Medikament und trinke Kopfschmerzen mit stillem Wasser und einem ordentlichen Mittagschlaf weg. Ich habe zwei geplante Hausgeburten hinter mir, und das ohne jegliche Schmerzmittel während oder nach der unvorstellbaren Tortur. Auch musste ich in meiner ganzen musikalischen Laufbahn mit inzwischen Hunderten von Konzerten nur einmal ein Konzert absagen. Aber wehe, es kommt einmal im Jahr die Grippe, die mir, ohne vorher anzufragen, alle Kraft raubt. Dann … ist Schluss mit lustig! Dann brauche ich Mama. Und gezuckerten Lorbeerblatt-Tee, der, wenn ich ihn selbst koche, nie so schmeckt wie bei ihr. Man kann nicht arbeiten, wenn man krank ist, eigentlich kann man gar nichts tun außer schlafen, wenn das die Schmerzen zulassen. Man kann nicht geradeaus denken, nicht schreiben. Und der Gedanke, dass die Kraft, wo immer sie auch hin ist, vielleicht nie wiederkommt, macht mich geradezu panisch.

Wenn man ein vier Kilogramm schweres Kind aus dem eigenen Körper presst, machen Schmerzen irgendwie Sinn. Alles andere wäre komisch. Aber eine Grippe? Völlig sinnlos. Und wo ist der Hausarzt, wenn man krank ist? Der kann doch nicht allen Ernstes darauf bestehen, dass man – so lädiert, wie man ist – geduldig während der Öffnungszeiten anruft und sich dann brav einen

Termin geben lässt! Wo ist der Arzt, der früher noch zu uns nach Hause kam, und in aller Ruhe am Bett, das andächtig vom Rest der Familie umringt war, sagte, dass das schnell wieder vorbeigeht? Und wo in aller Welt ist Mammaaaaaaa? Ah, richtig, ich bin ja inzwischen groß und selber Mama, habe einen anderen Nachnamen und wohne nicht mehr bei ihr. Mist.

Keith hingegen erträgt seine Schmerzen leise und andächtig, und geht wohl davon aus, dass man irgendwie spürt, dass er krank ist. Oder auch nicht. Er braucht da auch niemanden, und ist eher genervt, wenn ich leise ins Zimmer schleiche, um zu sehen, ob er noch atmet; das Zimmer lüfte und ihn zwinge, Ingwertee mit Honig zu trinken, weil das gesund ist.

Wie kostbar einem doch in solchen Situationen das Leben und die Lebensenergie werden! In Zeiten der Krankheit wird uns schnell bewusst, dass wir unsere Kraft nicht selbst produzieren können. Sie wird uns einfach geschenkt.

Meine Lebensenergie, die kreative Kraft, die mein Herz und meinen Geist erfrischt, spüre ich vor allem immer dann, wenn ich Pause mache. An einem einsatzfreien Sonntagmorgen im Gottesdienst zum Beispiel. Natürlich ist es nicht einfach aufzustehen, wo man doch hätte ausschlafen können – sofern die Kinder einen lassen. Doch dann steht man geschniegelt und gebügelt um 9:30 Uhr auf der Matte. Und während ich mich einlasse auf das Danken, Loben, Hören und Stillsein, wird meine Seele belebt. Wachgeküsst. Gereinigt. Aufgetankt. Es beginnt in mir zu sprudeln. Und dann kommen mir alle möglichen Ideen. Dinge, die eben noch wichtig waren, werden klein und verblassen; Stürme verebben und ich bin umgeben von der Heiligkeit Gottes. Unreinheit und Verkehrtheit blubbern in mir an die Oberfläche und ich darf mir vergeben lassen.

Irgendwie ist Kraft da, wenn wir gemeinsam im Gottesdienst sind. Gott ist da. Und dann bin ich froh, so früh aufgestanden zu sein. Denn die Lebensenergie, die dann in mir hochkommt, ist oft so stark und so übersprudelnd, dass ich vor lauter Angst, mich später nicht mehr daran erinnern zu können, in meiner Handtasche krame, bis ich einen Stift und etwas Papier finde. Da tut es zur Not auch ein Taschentuch oder die Rückseite eines Kassenzettels. Ideen, Konzepte, Bilder, Strategien, Pläne kritzele ich dann auf. Blöd nur, dass Taschentücher und Kassenzettel so schnell „durchbluten" … Wo sind die Zeiten hin, in denen man mit Bibel und Notizblock bewaffnet in den Gottesdienst ging? Heute kann man mit den

Händen in den Hosentaschen in die Kirche schlappen, denn der Beamermann oder die Beamerfrau ist ja schon 'ne Stunde vorher da und tippt Infos, Predigtpunkte, Bibelverse und Lieder ein. Man muss nur noch die Augen offen halten und nach vorne schauen, dann verpasst man nichts. Und falls einem etwas wichtig geworden ist und man es mit nach Hause nehmen möchte, bekommt man das Ganze natürlich auch via Download oder auf einer CD mit.

Doch irgendwann kam ich wieder „bewaffnet" in den Gottesdienst. Neben meiner Bibel habe ich jetzt auch ein Heft dabei. Mein Tagebuch. Und dann erwarte ich, dass etwas passiert. Dass mein Geist und meine Seele belebt werden und die kreative Energie sprudeln wird ... Wahrscheinlich wollte Gott deshalb, dass wir zusammen Gottesdienst und das Abendmahl feiern. Wir sind geschaffen für die Leben spendende Gemeinschaft. Wie wichtig meine Einstellung, Offenheit und Erwartung zum Beschenktwerden ist, merke ich immer wieder, vor allem im Gottesdienst.

Der Herr ist mein Hirte. Er möchte mich beschenken. Erwarte ich das?

Adam wurde aus Staub geformt und dann wurde ihm der Lebensodem eingehaucht. Von unserer Zeugung an bis zu unserem letzten Atemzug sind wir Beschenkte des Lebens.

Leben. Aufleben. Blühen.

Überleben ist dagegen etwas völlig anderes. Auch der Depressive lebt, aber er lebt nicht auf, sondern dahin. Auch der Trauernde lebt, aber er lebt nicht auf, sondern *durchlebt* seine schwierige Zeit. In der Bergpredigt nennt Jesus sie gesegnet, die Armen und Trauernden, denn sie kommen mit einer Leere. Wenn sie sich dann ihm zuwenden, lernen sie, noch viel tiefer als ein vor Gesundheit und Vitalität strotzender Mensch, wie es ist, von ihm Leben zu bekommen. Leben in Fülle. Ich habe alte, körperlich schwache Menschen gesehen, die grausame Kriegsjahre überlebt haben und deren Augen trotz allem vor Energie und ruhiger Zuversicht strahlten. Unsere Seele kann immer wieder von ihm belebt werden, ganz unabhängig von unserem Alter, unserer Beweglichkeit oder unserem Fitnesslevel.

Der Gott aller Gnade aber, der euch berufen hat zu seiner ewigen Herrlichkeit in Christus Jesus, er selbst wird euch, die ihr eine kurze Zeit gelitten habt, vollkommen machen, stärken, kräftigen, gründen.

1. Petrus 5,10

Wenn der Herr unser Hirte ist, dann dürfen wir uns versorgt wissen, wir dürfen zur Ruhe kommen und uns beschenken lassen mit Kraft – vom Schöpfer des Lebens persönlich.

Er leitet mich in Pfaden der Gerechtigkeit um seines Namens willen

Sein Name steht für gute Führung

Wir, ein Trio aus drei Musikerinnen, sind für ein Konzert in Ostfriesland gebucht. So weit oben, wo es nicht mehr weitergeht und die Dünen das Ende des Landes und den Anfang des Meeres markieren. So weit nördlich war ich noch nie. Klar, so eine Tour kann man machen, wenn man auf der Strecke dorthin eine ganze Reihe Events hintereinander hat. Dann wäre die weite Fahrt zumutbar gewesen. Doch leider hatten wir kein einziges weiteres Konzert, das strategisch günstig an der Strecke gelegen hätte. Und noch dazu war gerade ein Bahn-Streik im Gange … Also haben wir mit allen Mitteln versucht, diese Tour zu verschieben, abzusagen. Es wurden auch nicht viele Menschen in dem kleinen ostfriesischen Ort erwartet, „vielleicht fünfzig", stand im Vertrag. Für ein Konzert gleich bei uns um die Ecke hätten wir uns das ja überlegt, aber eine Tagesreise gen Norden für fünfzig Leute? Als ich die verschiedensten Varianten durchdachte und mit dem Veranstalter durchsprach, konnte ich nicht ahnen, dass diese Tour sorgsam geplant war und geführt sein würde, und zwar vom Hirten höchstpersönlich.

„Sollen wir euch einen Fahrer schicken?", fragte der freundliche Veranstalter, darum bemüht, uns den Aufwand zu erleichtern. „Er holt euch ab und bringt euch dann auch wieder nach Hause."

Die Hartnäckigkeit und die Großzügigkeit des Veranstalters erstaunten mich. Konnte er nicht sehen, dass es weitaus besser war, wenn wir die Tour auf einen späteren Zeitpunkt verschoben? Wie kann man denn verantworten, vier Tage von seiner Familie weg zu sein wegen zwei winziger Events innerhalb von vier Tagen?

Es war nichts zu machen. Nachdem mein Vorschlag „Wir kommen einfach ein anderes Mal nach

Ostfriesland" ins Wasser gefallen war, machten wir drei Frauen uns tatsächlich auf den Weg nach Ostfriesland. Einen Tag davor die halbe Strecke und eine Übernachtung bei einer der Musikerinnen, am nächsten Tag nach dem Frühstück dann zu dritt die andere Hälfte der Strecke. Wir hatten Zeit zum Reden. Kein Fahrer, kein Techniker, keine Zuggäste im gleichen Abteil, nur wir drei Frauen.

Auf der ersten Etappe am Abend zuvor hatte ich bereits ein sehr gutes Gespräch mit der Cellistin. Ein dunkler Fleck in meiner Seele, der sich auf einem Konzert ein paar Wochen zuvor im Backstage-Bereich offenbart hatte, kam plötzlich ans Licht. Im Gespräch mit meiner Beifahrerin konnte genau diese schmerzende Stelle beleuchtet werden. Und am Abend durfte ich dann, ohne Konzert im Nacken, ohne Stress, diese Gedanken ganz in Ruhe verarbeiten. Was für ein Geschenk! Aber das war noch nicht alles. Am nächsten Morgen, als wir zur zweiten Etappe aufbrachen, begann ich, der anderen Musikerin zu erzählen, was mir am Abend zuvor so klar geworden war. Und mir kamen ohne jede Vorwarnung die Tränen. Für jemanden wie mich, der sehr selten weint, und wenn, dann eher alleine, war das schon erstaunlich!

Es war auch die Art der Tränen, die mich erstaunte. Sie kamen zwar aus den Augen, aber ihr Ursprung schien tiefer, viel tiefer zu liegen. Vielleicht kamen sie ja aus dem Bauch? Auch schienen es alte Tränen zu sein, die bislang nie fließen durften. Bilder, Puzzlestücke meines Lebens, erinnerte Sätze brachen in mir hervor und Zusammenhänge formten sich vor meinen Augen. Es war, als stünde ich neben mir und könnte meinen Lebenslauf klar sehen. Die Taschentücher reichten nicht aus, so viel Schmmerz floss auf dieser Autofahrt aus mir heraus. Es war, als würde eine neue Ebene aufgeschlossen. Dinge begannen, sich zu verbinden. Liebe Güte, war ich überrascht, was da alles zutage kam! Das hatte alles in mir geschlummert? All die Jahre? Und ich hatte es nie gesehen, nie gemerkt?

Der Moment war, so schien es mir, furchtbar heilig. Es war ein reinigendes, wenn auch schmerzhaftes Weinen; Trost war da, aber auch der Schrecken der Wahrheit. Licht war da, aber auch die Erkenntnis, dass ziemlich sicher etwas Traumatisches geschehen war. Ich wusste, jetzt würde ich viel Zeit brauchen, um alles zu verarbeiten. Nach dieser Fahrt hatte ich nur einen Wunsch: Tagebuch zu schreiben und mich schlafen zu legen. Ich hatte jedoch ein Problem: Das Konzert würde schon in wenigen Stunden beginnen …

Es gibt Künstlerkollegen, die stellen sich ein Programm zusammen, das die nächsten ein bis zwei Jahre immer gleich ist. In diesem Moment wünschte ich mir ein solches Progamm. Etwas, woran ich mich festhalten konnte. Aber ich wusste, dann wäre ich nicht ich. Ich muss mich bei jedem Konzert fallen lassen, ohne Liederliste, ohne Programm. Wie bei einem Sprung aus dem Flugzeug, darauf hoffend, dass der Fallschirm zur rechten Zeit aufgehen wird. Ja, ich muss fließen im Gebet und ganz im Moment leben und bei mir sein. Dann kommen die richtigen Lieder für die Menschen im Publikum, die richtigen Geschichten für den einen Moment. Das ist zwar das Anstrengendste an meiner Konzertarbeit, aber auch das Erfüllendste.

Als ich, ermattet von der anstrengenden Seelenarbeit, in dem kleinen ostfriesischen Städtchen ankam, kreisten viele Fragen durch meinen Kopf: Werde ich die Kraft haben für diesen Abend? Singen und erzählen können, während mein Herz blutet und ich kaum stehen kann? Singen aus meinem Leben, meinem Schmerz? Doch erst mal musste ich ankommen. Ich fragte mich: Wie werde ich den Veranstalter begrüßen mit meinem aufgequollenen Gesicht und den roten Augen? Ich muss ihm doch irgendwie begegnen. Vielleicht hat er mich bisher nur auf

Postern und im Internet gesehen und erkennt mich in diesem Zustand gar nicht … Als wir am Veranstaltungsort waren, begrüßten die beiden Streicherinnen den Veranstalter, der ihnen ganz unkompliziert den Schlüssel für das Ferienhaus gab. Ich zog meine Sonnenbrille an und huschte nach einem freundlichen „Hallo“ ins Haus.

Dort wusch ich mein Gesicht und machte mich bühnenfertig. Meine Auftrittskleider waren mir wie eine Rüstung, ein Schutz. Mein Hut das Symbol meines Auftrags. Noch immer war mein Herz flimmrig, und ich fühlte mich schwach, malte mir aus, was wäre, wenn ich mitten im Konzert einfach zusammenbrechen würde. Doch es gab jetzt kein Weg zurück. Das Publikum war eingetroffen und drängte sich in die hölzernen Kirchenbänke. Es waren weit mehr als fünfzig Personen und wir waren einfach nur dankbar dafür. Wir standen in der Backstage und warteten, bis der Einlassapplaus ertönte. Dabei blieben meine noch brennenden Augen an einem Bild an der Wand hängen. Was ich dort las, flog mir direkt ins Herz und umhüllte mich mit einer unglaublichen Zuversicht:

Er leitet mich in Pfaden der Gerechtigkeit um seines Namens willen.
Psalm 23,3b

Ja! Das glaube ich. Mein Herz klopfte bis zum Hals und stimmte mit jedem Schlag zu. Ja, ich kann mich an meinen Hirten anlehnen und ihm vertrauen. Er führt mich. Und hat dabei einen größeren, perfekten Plan im Sinn.

An diesem Abend war ich erstaunt, dass die Lieder, die ich vor Jahren geschrieben hatte, auf geheimnisvolle Weise eine leise Vorahnung hatten von meiner vergessenen Geschichte. Als ob sie etwas gewusst hätten von dem, was ich nicht wusste.

Bei dir

Du sagst dem Sturm: „Sei still",
dem Wind: „Werde ruhig."
Ein Wort von dir genügt,
die Erde verstummt.
Wie kann das sein,
Herr aller Dinge?
Du sprichst ein Wort und es geschieht.

Bei dir kommt mein Herz zur Ruhe.
Du gibst mir neue Kraft.
Hier kann ich wieder atmen.
Du hast's vollbracht.

Du sagst: „Es werde Licht!",
die Dunkelheit flieht.
Ein Atemzug von dir
und Leben entsteht.

Bei dir werden Zweifel leiser,
hier hab ich wieder Mut.
Bei dir kann ich wieder frei sein.
Hier ist es gut.

Du sagst: „Es ist vollbracht."
Die Erde erbebt.
Der Tod hat keine Macht,
denn du hast ihn besiegt.

Bei dir werden Ängste kleiner,
Tränen sind abgewischt.
Bei dir hab ich wieder Hoffnung.
Freiheit in Sicht.

Selten hatte ich so stark das Gefühl, von Gott geführt worden zu sein, wie auf dieser Tour nach Ostfriesland. Gottes Über-allem-Stehen überwältigte mich.

Nach dem Konzert konnte ich mich endlich meinem Tagebuch widmen. Es füllte sich mit Zeilen. Mit alten Zeilen, die zu neuen Zeilen wurden. Mit Geschichte. Meiner Geschichte. Ich war so dankbar, dass ich am nächsten Tag ausschlafen konnte und nicht zu einem weiteren Konzert aufbrechen musste. Das, worüber ich tagelang geschimpft hatte, war mir nun zu einem Segen geworden. Ein ganzer freier Tag! Ich wurde klein vor Dankbarkeit.

Am nächsten Tag sogen wir die entschleunigte Zeit an der Küste in uns auf. Hier oben, hatte ich das Gefühl, vergeht die Zeit nur halb so schnell, und das zu erleben, tat mir unendlich gut. Wir drei Frauen gingen ans Wasser, wo der Wind uns fast umwehte. Aneinandergeklammert schrien wir dieser Naturgewalt entgegen. Dann sah ich die Schafe, eine ganze Herde. Ich dachte sofort an den Psalm 23. An meinen Psalm. Es sah so aus, als wären sie nur für mich hier. Und es war, als würden die Bilder von meinem Psalm sich direkt in mein Herz zeichnen. Ich rannte den Schafen hinterher, denn ich wollte den Hirten sehen. So gerne hätte ich mit ihm gesprochen. Aber da war keiner. Kein Schäfer in Sicht. Enttäuscht kehrte ich um.

Auch meinen guten Hirten kann ich nicht sehen. Ich muss darauf vertrauen, dass er mich führt, auch wenn er für meine Augen unsichtbar bleibt.

Und dass er mich führt, ist mir in diesen vier Tagen eindrücklich zur Gewissheit geworden. Keine der zuvor angedachten Touroptionen wäre so perfekt gewesen wie diese. Wäre ich zu Hause geblieben, hätte ich weder Raum noch Zeit gehabt, innerlich auf diese Weise aufzubrechen. Wären wir mit meinem Techniker gefahren – der natürlich der beste der Welt ist –, hätte ich mich ganz sicher nicht so frei gefühlt wie mit den beiden wunderbaren Frauen. Mit einem fremden Fahrer wäre ich gleich dreimal nicht so offen gewesen, und auch im Zug nicht, wo wir immer in der Öffentlichkeit gewesen wären.

Kann es sein, dass Gott mich genau diesen Weg geführt hat? Dass er mich mit diesen zwei wunderbaren Freundinnen umgeben hat? Dass er mir Zeit gab, die ich mir sonst so nie genommen hätte? An einem Ort wie Ostfriesland, wo die Zeit stillzustehen scheint? Dass er mir die Begegnung mit den vielen Schafen geschenkt hat, die mich an meinen Hirten erinnerten? Ich war überwältigt von dieser Führung. Es stimmte einfach alles.

Er leitet mich in Pfaden der Gerechtigkeit um seines Namens willen.

Er führt mich nicht nur um meinetwillen, sondern *um seines Namens willen*. Sein Name steht dafür. Der Name dessen, der immer treu bleibt, auch wenn ich untreu bin. Es ist wie bei einer guten Kühlschrankmarke, nur natürlich noch besser. Bei einer Kühlschrankmarke steht der Name dafür, dass das Ding hält, was es verspricht. Die Marke steht für Qualität, und für den Namen ist die Firma bereit, noch weiter zu gehen, als sie müsste.

Mein guter Hirte führt mich und darauf kann ich mich verlassen. Er führt mich bedingungslos, unabhängig von meiner Leistung, auch dann, wenn ich versagt habe. Ich liebe den Satz, den ich einmal in den USA aufgeschnappt habe: „God is a better leader than I am a follower." – Gott ist der verlässlichere Partner in unserer Beziehung: Er kann besser leiten, als ich in der Lage bin, ihm zu folgen.

Du stehst zu deinem Wort

Auch wenn ich nicht treu bin, bleibst du es doch.
Du stehst zu deinem Wort.
Auch wenn ich betrüge, sagst du die Wahrheit.
Du stehst zu deinem Wort.
Du warst vor langer Zeit,
du bist und bleibst für immer mein Gott.

Wie kann es sein, dass du mich trotzdem liebst
und immer wieder meine Schuld vergibst?
Du stehst zu deinem Wort.

Wenn ich dich verleugne, bleibst du mir treu.
Du stehst zu deinem Wort.
Wenn ich dich verlasse, bleibst du bei mir.
Du stehst zu deinem Wort.

Wenn Sie einen Moment innehalten und Ihren bisherigen Weg betrachten: Können Sie dann erkennen, dass Ihr Hirte Sie geführt hat? Hat er aus manchen Umwegen nicht etwas ganz Wunderbares gemacht? Etwas, das weitaus besser ist, als Sie es je hätten planen können? Wenn Sie nun nach vorn schauen: Können Sie ihm Ihren Weg jetzt anvertrauen?

Auch wenn ich wandere im Tal des Todesschattens

Vom Umgang mit schweren Zeiten

Gegen Abend drängt Jesus die Jünger, in ihr Boot zu steigen und ans andere Ufer vorzufahren. Er möchte noch die Menschen verabschieden. Etwas zerknittert, aber doch ermutigt steigen die Jünger in das Boot. Das war ein Tag! Sie haben eines von Jesu größten Wundern erlebt. 5000 Männer, noch mal so viele Frauen und vielleicht doppelt so viele Kinder wurden von fünf Gerstenbroten und zwei Fischen satt.

Uff, jetzt haben sie es geschafft. Endlich Abstand von allem, endlich wieder unter sich. Was sie wohl besprechen? Was Petrus wohl seinem Bruder Andreas sagt?

„Das mit den Fischen und den Broten war eine gute Idee, Bruderherz, aber das, was unser Lehrer dann tat, hättest du wohl nie für möglich gehalten, nicht wahr?"

Was sie nicht wissen – und nicht kommen sehen: Sie segeln direkt in eine handfeste Prüfung hinein. In die Dunkelheit, ins tiefe Tal – und das ohne ihren Lehrer.

Während sie sich über ihre Eindrücke des Tages unterhalten, müssen sie immer lauter sprechen, da der Wind immer heftiger rauscht und das Boot immer heftiger hin- und herschleudert. Die Wellen werden höher und höher und binnen Minuten bauen sie sich haushoch auf. Nicht ungewöhnlich für diesen See, der von Bergen umringt ist und im Jordantal liegt, wo der Wind sehr schnell aufbrausen kann.

Wo ist der Lehrer, wenn man ihn braucht? Jetzt, wo man gar nichts mehr sieht? Die Gespräche der Jünger verstummen, nur noch der Kampf ums Überleben zählt. Wo ist Jesus???

Auf dem Berg. Er hat sich zum Beten zurückgezogen.

Hat Jesus die Wettervorhersage nicht gehört? Oder vielleicht wieder vergessen? Da sind die armen Jünger, die gerade noch mit ihm unterwegs waren – und kaum lässt er sie aus den Augen, da geraten sie in höchste Gefahr. Wie konnte das passieren?

Doch Jesus betet für sie. Was genau, wissen wir nicht, aber an anderer Stelle, in Lukas 22,32, lesen wir, dass er zu Petrus sagt: „Ich habe für deinen Glauben gebetet, denn der Feind möchte ihn dir wegnehmen."

Wieder geht es um Glauben. Um Vertrauen. Mitten im dunklen Tal.

Jesus bittet Gott, seine Jünger mögen wachsen in ihrem Glauben. Und daran festhalten.

Auch wenn ich wandere im Tal des Todesschattens,
fürchte ich kein Unheil, denn DU bist bei mir.

Hier, in diesem Vers, liegt für mich das Herz des Psalms. Bis zu dieser Stelle durfte das Schaf sich getragen wissen. Es wurde von seinem Hirten behütet und beschützt. Zum frischen Wasser geführt. Es konnte sich lagern und bekam dort, auf den grünen Auen, neue Energie. Ja, es wusste, dass sein Hirte ein guter Hirte ist.

David erzählt uns bis zum Vers 4 von dem Hirten in der dritten Person. ER ist mein Hirte, ER weidet mich, ER lagert mich, ER führt mich. Doch genau hier, im vierten Vers, wo vom dunklen Tal die Rede ist, ändert er die Perspektive. Wechselt von der dritten Person in die zweite.

Jetzt wird es persönlich. Jetzt, wo es dunkel ist.

Ist es nicht auch in unserem Leben so? Wenn die Sonne strahlt und das Leben leicht ist, fällt es uns nicht schwer, über Gott zu reden. Er sorgt für uns. Er meint es gut. Er ist da. – Doch dann kommt das Tal. Die Dunkelheit. Alles fällt plötzlich in sich zusammen und wir ringen um Sicherheit. Sehen die Hand vor unseren Augen nicht mehr.

David schreibt in seinem Hirtenpsalm nicht: *Falls* ich mal durch dunkle Täler gehen muss, sondern: *Wenn.* Er weiß, dass das Leben nicht nur aus Hoch-Zeiten besteht. Dass er nicht immer im Sonnenschein über saftige Wiesen wandert.

Rechnen wir damit, dass auch dunkle Zeiten in unserem Leben kommen werden, oder leben wir nach dem Motto: „Hoffentlich kommt es nie so weit!“? Wäre es denkbar, dass Gott genau weiß, wann er Ihnen den Abschnitt durch das dunkle Tal zumuten darf, und – jetzt gehen wir noch einen Schritt weiter – dass er Sie auch dort führen wird? In der Bibel lesen wir, dass der „Pfad der Gerechtigkeit“ nicht immer hell und eben ist. „Stolze erheben sich gegen mich, und Gewalttäter trachten mir nach dem Leben", schreibt David in Psalm 54,5 (LÜ). Und an anderer Stelle, in Psalm 30,2, formuliert er: „… du hast mich aus der Tiefe gezogen." Auch mit Gott an der Seite bläst uns zuweilen das Leben heftig ins Gesicht.

Manchmal

Manchmal
wird die Welt um mich ganz dunkel,
ich verliere meinen Weg.
Manchmal vergesse ich, worauf es ankommt,
kämpf um Dinge, die vergehn,
manchmal.

Manchmal
hab ich das Gefühl, ich bin hier ganz allein
auf dieser Reise durch Dunkelheit.
Und ich frage mich: Komm ich jemals an?
Was ist wirklich der Weg für mich?
Wo bleibt der Sinn, wo ist das Licht?
Führt am Ende der beste Weg zurück?

Manchmal
bin ich auf einmal nicht mehr sicher,
wohin diese Reise geht.
Manchmal wünsch ich mir ein klares Zeichen:
Dieser ist dein Weg.
Manchmal.

Manchmal
spür ich, wie mich jemand leitet,
eine unsichtbare Hand.
Manchmal schließ ich die Augen, lass mich treiben,
will nicht mehr denken, einfach sein.
Manchmal.

Wie ist meine Beziehung zu dunklen Zeiten in meinem Leben? Das ist eine wichtige Frage. Denn sie werden kommen. Wir durften voller Zuversicht gelagert werden an den grünen Auen und unsere Kraft wurde erneuert bei den stillen Wassern. Wir wissen, dass er uns den rechten Weg leitet, und jetzt, in der Dunkelheit, müssen wir all das glauben. Und daran festhalten.

Die besten Lieder werden in dunklen Zeiten geboren. Dort ist man ganz echt.

Keith und ich hatten in dem Jahr nach unserer Hochzeit erlebt, wie eine Tür nach der anderen vor unseren Augen verschlossen wurde. Mein Mann war Pastor einer Gemeinde in der Nähe von Chicago. Doch mit einem Mal sahen wir uns gezwungen, der Gemeinde zu raten, ihre Türen dichtzumachen. Somit waren wir erst mal arbeitslos, und das als frisch verheiratetes Ehepaar. Genau in dieser Zeit wurde ich dann schwanger mit unserem ersten Kind … Keith und ich bildeten uns als Englischlehrer weiter – und erhielten schließlich das Angebot und dann auch die Zusage, in Korea als Pastor und Englischlehrer zu arbeiten. Wir waren jung, offen und bereit, dorthin zu gehen. Die Container wurden gepackt, alle Möbel verkauft und wir warteten auf die Visa für Korea. Ein paar Wochen vor unserem Flug sagte man uns jedoch, dass das Land, aus dem mein Mann stammt, die Republik Trinidad und Tobago (ein karibischer Inselstaat), leider nicht gelistet sei als Land, in dem Englisch als Muttersprache gesprochen wird. Aber das stimmte nicht! Die Menschen dort sprechen ausschließlich *royal English!* Aber es war nichts zu machen. Kurz vor unserem Abflug ging diese Tür für uns zu. Nachdem wir uns von dem Schock erholt hatten, wurde uns in Washington eine Pastorenstelle angeboten. Wir fuhren hin und waren sofort begeistert von der Gemeinde, dem Ort, den Menschen. Wir konnten uns sehr gut vorstellen, dort zu wohnen. Erneut warteten wir auf unser Visum. Und warteten. Denn aufgrund der Anschläge vom 11. September waren alle Visa-Verfahren für religiöse Arbeiter gestoppt worden. Nachdem wir monatelang gewartet hatten – inzwischen war auch unsere Tochter in New York geboren –, waren wir ziemlich zerknirscht. Wir wohnten zu dritt in der Einzimmer-Mietwohnung von Keiths Mutter und verstanden die Welt nicht mehr.

Hoffnung

„Hoffnung stirbt als Letzte", sagt man doch,
ein kleiner Funke bleibt am Ende noch.
Doch außer kalter Asche kann ich nichts sehn,
ich spür die Hoffnung leise im Wind verwehn.
Dabei war ich mir so sicher:
Du hast die Fäden in der Hand.
Und ganz ehrlich: So wär's mir lieber!
Aber sag's mal meinem Verstand.

Denn ich glaub, ich kann nicht länger warten,
ich kann nicht länger hoffen,
ich kann nicht länger hören: Später, später!
Nein, ich kann nicht länger warten,
ich kann nicht länger hoffen,
ich kann nicht länger hören:
Später, die Zeit ist bald reif.

Hoffnung ist die Kraft, die mich vorwärtstreibt,
sie gibt mir Halt, wenn nichts andres bleibt.

Manchmal ist es schon zum Greifen nah,
die Freude groß, der Wunsch: Es ist bald da.
Und dann prüft man die Erwartung,
schraubt sie tiefer noch ein Stück.
Immer kleiner wird die Hoffnung.
Ich will doch vorwärts und nicht zurück!

Denn ich glaub, ich kann nicht länger warten,
ich kann nicht länger hoffen,
ich kann nicht länger hören: Später, später!
Nein, ich kann nicht länger warten,
ich kann nicht länger hoffen,
ich kann nicht länger hören:
Später, die Zeit ist bald reif.

Könnt ich es selber tun, glaub mir,
ich hätte es längst getan.
Doch selber tun kann ich es nicht,
und so warte und hoffe ich.

Wenn man vor lauter Dunkelheit, vor lauter verschlossenen Türen das Licht nicht mehr sieht, dann sieht man auch die Hoffnung sehr schnell schwinden. Jetzt hatten wir doch lange genug gewartet! Warum kamen wir nirgends weiter? Es gab in unserer schwierigen Lebensphase liebe Menschen, die uns ermutigt haben, auch ohne Visum die Stelle anzunehmen, wir hätten doch eine Zusage ... Doch wir wussten: Das wäre illegal gewesen.

Jetzt im Nachhinein sehe ich Gottes Handeln in dem Ganzen. Ohne diese Steine auf unserem Weg wären wir wohl nie in Deutschland gelandet, hätte ich nie die Möglichkeit bekommen, musikalisch so arbeiten zu dürfen, wie ich es seit vielen Jahren tue – und davon auch meine Familie ernähren zu können. Was für ein Geschenk!

Ich glaube, dass dunkle Täler mehr Potenzial haben, als wir denken. Wenn wir mittendrin stecken im Problem, in der Krise, im Schmerz, sollten wir uns nicht sagen: „Jetzt Augen zu und durch", sondern: „Augen auf! Was willst du, mein guter Hirte, mir zeigen?"

Dunkle Täler sind wie Wegweiser, die uns vermitteln wollen, wie wichtig es ist, ganz nah bei unserem Hirten zu bleiben. Sie fordern uns auf, nicht zu resignieren. Sie ermahnen uns, nicht etwa zu denken: „Ich habe die

Sache im Griff, ich pack das schon." In schwierigen Zeiten lernen wir, dass wir Gott brauchen. Dass wir Menschen brauchen. Und wir lernen auch noch eine weitere Lektion: dass unsere Vertrauensmuskeln gerade in den dunklen Tälern des Lebens trainiert werden.

Wir spüren eine ganz neue Demut, wenn wir nach dem Hirten suchen, wenn wir uns ehrlich fragen, was wir wirklich glauben können. In den dunklen Phasen unseres Lebens können wir Gott ganz nah erleben, werden wir mit Fähigkeiten ausgerüstet, die man nur im dunklen Tal entwickelt.

Wir haben als Familie einmal ein „Experiment" gemacht: Wir sind für circa zwanzig Minuten durch einen komplett abgedunkelten Parcours gelaufen. Es gab kein Licht und wir mussten ausschließlich unserem Tastsinn vertrauen. Es war ein Erlebnis, das ich nie vergessen werde. Wir gingen sehr langsam vorwärts und tasteten uns schweigend an den Wänden entlang. Die Hände, die man sonst in der Hosentasche hatte, waren jetzt wesentlich. Als wir an der anderen Seite des Parcours wieder ans Licht kamen, erzählte jeder von seinem Erlebnis in der Dunkelheit. Für jeden war es anders gewesen. Die Kinder hatten wesentlich weniger Furcht gehabt als wir, denn sie hielten unsere Hand fest und vertrauten uns.

Mir fiel plötzlich auf, dass meine „Tasthand“ irgendwie kribbelig war – so, als wäre das Blut des ganzen Körpers genau dahin geflossen. Die Hand hatte mir Sicherheit gegeben und meinen Kopf vor dem Anstoßen bewahrt. Sie ertastete das, was meine Augen nicht sehen konnten. Meine Hände waren es, die mich führten. Die Füße gingen keinen Schritt vorwärts, bevor die Hände dem Gehirn signalisiert hatten, dass der Weg sicher war.

Der Herr, unser Hirte, ist immer da und führt uns. Doch im dunklen Tal sehen wir das nicht – wir müssen es glauben. Wenn ich nicht mehr weiß, in welche Richtung ich gehen soll, muss ich meinem Hirten vertrauen. Er kann auch im Dunkeln ganz klar sehen. David schreibt im 139. Psalm:

Spräche ich: Finsternis möge mich decken und Nacht statt Licht um mich sein, so wäre auch Finsternis nicht finster bei dir, und die Nacht leuchtete wie der Tag. Finsternis ist wie das Licht.
Psalm 139,11–12; LÜ

Vertrauen Sie darauf, dass bei Gott auch die Dunkelheit hell ist? Dass er Sie sicher durch den „Parcours“ leiten wird, auf dem Sie selbst nicht mehr die Hand vor Augen sehen können? Er kennt den ganzen Weg, bis in die Details. Und er verspricht Ihnen, jeden Augenblick bei Ihnen zu sein.

… fürchte ich kein Unheil, denn du bist bei mir

Worauf wir uns verlassen können

Unser Sohn Nathanael kam kerngesund in einer geplanten Hausgeburt und binnen zwei Stunden genau um 2:22 Uhr zur Welt. Seine große Schwester Gabriela Zoé hat die Geburt einfach verschlafen, was in einer 57 Quadratmeter großen Wohnung schon erstaunlich ist. Am nächsten Morgen sah sie ihren Bruder zum ersten Mal. Wunderschön!

Natürlich war es vor allem im Nachhinein wunderschön. Die Geburt war so heftig, dass ich mich an Keith klammerte und einfach nur jammerte: „I can't do it, I can't do it." *Ich pack das nicht, ich pack das nicht.* Ich war mir tatsächlich sicher, dass ich das niemals schaffen würde. Mein Mann Keith hielt mich umschlungen und war irgendwie unglaublich zuversichtlich. „Yes, you can, yes, you can!", rief er mir zu. *Doch, du schaffst das. Du schaffst das!* Er war einfach nur erstaunt, wie reibungslos alles lief und vor allem, wie schnell. Für mich war gar nichts reibungslos und alles viel zu heftig. Auch das Stillen ging nicht so, wie ich es wollte, und die ersten Tage im Wochenbett waren einfach nur furchtbar. Schlafentzug. Warum weint das Kind? Mir ist elend und was in aller Welt soll jetzt bitte daran schön sein? Mit jedem Tag ging es besser, doch dann fiel uns auf, dass unser Sohn regelmäßig im Schlaf zuckte, Minuten lang. Wir erzählten dem Kinderarzt bei der ersten Untersuchung davon, doch der meinte nur, das sei normal und könne bei Neugeborenen durchaus vorkommen. Schließlich zeigten wir ihm ein Video, das wir mit unserem Handy aufgenommen hatten – und er wies uns sofort ins Krankenhaus ein. Verdacht auf Krampfanfälle.

Alle Untersuchungen ergaben nichts wirklich Nennenswertes. Auch wollte Nathanael nicht zucken, wenn man ihm dabei zusah. Doch kurz bevor wir wie geplant nach Hause gehen wollten, passierte es, und eine

Krankenschwester sah das Zucken. „Hiergeblieben", hieß es, und die Tests gingen weiter. Man verkabelte seinen ganzen Kopf und über 24 Stunden lang wurde ein EEG gemacht. Da wurde das Stillen recht abenteuerlich, wie Sie sich vielleicht vorstellen können … Irgendwann in den frühen Morgenstunden verzeichnete das Gerät tatsächlich einen Krampfanfall. Oh nein. Was würde jetzt auf uns zukommen? Ich war so froh, dass ich als stillende Mutter ein Feldbett ein paar Zimmer weiter bekam und immer in der Nähe meines Sohnes sein durfte. Ich war bei ihm. Tag und Nacht. Den meisten anderen Müttern war das nicht vergönnt, und so mussten sie mehrmals am Tag hin und her fahren, um ihr winziges Frühchen zu besuchen. Sie müssen mich beneidet haben, ganz gewiss.

Natürlich wäre es für mich zu Hause schöner gewesen, im eigenen Bett, ohne das ständige Piepen, die grellen Lichter, die fremden Menschen und Instrumente, aber die Nähe zu meinem Kind war unbezahlbar. Immer wieder hielt ich meinen kleinen Sprössling und flüsterte ihm ins Ohr: „Mama ist da."

„Wir würden gerne eine Lumbalpunktion machen", sagte die junge Ärztin am nächsten Tag zu mir und klärte mich in einer Besprechung über alle Risiken dieser Untersuchungsmethode auf. Ich schaute das kleine nichts ahnende, wahrscheinlich kerngesunde Kind in meinem Arm an und erschauderte. „Ist das wirklich notwendig?"

Nach Absprache mit Keith gab ich dann schließlich widerwillig mein Okay. Ich durfte während der Punktion nicht dabei sein, und kann mich auch nicht mehr genau erinnern, wie lange ich draußen auf dem Flur warten musste und mir dabei das Schrecklichste ausmalte. Dabei war ich auf der Station immer die Mutter gewesen, die die anderen Mütter ermutigte! Ihnen sagte, wie ihr kleines Frühchen doch Fortschritte mache und dass es doch gut sei, dass sie einen Sehtest machen ließen, dann wisse man einfach genau, was Sache sei. Doch in den Stunden vor und vor allem während des Eingriffs am Rücken von Nathanael war alle Kraft und aller Mut von mir gewichen. Der Gedanke daran, dass sie mein Kind festhielten und mit einer dicken Nadel am Rückenmark Gehirnwasser entnahmen, war einfach furchtbar. Wenn ich ehrlich bin, wollte ich in diesen Minuten niemanden sehen oder hören. Ich wollte nur meinen Sohn halten und ihm sagen: „Mama ist da, Mama ist da, Mama ist da."

Dann wurde ich gerufen. Mein Sohn lag regungslos und abgekämpft in seinem kleinen Kasten. „Er hat gekämpft", sagte die Krankenschwester, die ich einfach nur beneidete, denn sie durfte bei ihm sein und ihn berühren, als er gestochen wurde. Das machte es noch schlimmer … Ich solle ihn jetzt ausruhen lassen, es sei gut, dass er schläft. Eigentlich hatte ich vorher immer gefeiert, wenn der kleine Schreihals mal schlief, aber wie sehr wünschte ich mir jetzt, er würde doch aufwachen. Ich wollte ihn halten, stillen und ihm vor allem sagen, dass ich da war. Doch er schlief fest. Als ich ihn endlich halten und stillen durfte, liefen mir zum ersten Mal die Tränen übers Gesicht. Was war ich froh, dass der freundliche, sanftmütige Kinderkrankenpfleger mich einfach weinen ließ. Nie werde ich den Moment vergessen. Ich weinte, als wollte alles in mir meinem Sohn sagen: *Es tut mir so leid, dass du so leiden musstest. Der Gedanke, dass du dir so verloren und verlassen vorkamst, hat mich fast wahnsinnig gemacht. Du warst nicht allein. Und jetzt darfst du spüren: Mama ist da.*

Wenn es steil nach unten geht und ich nichts mehr sehe, will ich wissen, dass ich mich nicht erschrecken muss, denn du, Gott, bist da. Du gehst nicht weg, wenn es besonders schmerzhaft wird. Du bist und bleibst da.

Mein Glück

Du bist meine Zuflucht, mein starker Turm.
Bei dir bin ich sicher, mitten im Sturm.
Im Schutz deiner Flügel weiß ich genau:
Du hältst mich fest, du lässt mich niemals los.

Mein Glück ist, nah bei dir zu sein
und zu wissen, ich bin dein.
Alles andere ist mir gleich.
Bei dir kann ich ganz einfach sein,
deine Freiheit ist jetzt mein.
Meine Zuversicht, mein Schutz,
du, meine Zuflucht.

Du bist meine Zuflucht, hier berge ich mich.
Du kennst meine Schönheit, mein wahres Ich.
Du bist mein Vater, kennst mein Gesicht.
Du sagst: „Mein Kind, ich liebe dich."

Mein Glück ist, nah bei dir zu sein
und zu wissen, ich bin dein.
Alles andere ist mir gleich.
Bei dir kann ich ganz einfach sein.
Deine Freude ist jetzt mein,
meine Zuversicht, mein Schutz,
du, meine Zuflucht.

Furcht kommt ganz automatisch, wenn ich den Weg vor mir nicht mehr sehen kann. Aber ich weigere mich, das Unglück zu erwarten. Risiken abzuwägen, ist weise, aber meine ganze Energie auf das Unglück zu fokussieren, wäre fatal.

Haben Sie schon mal Eltern beobachtet, die ihre Kinder vor allem schützen wollen?

„Pass auf, eine Stufe!"

„Geh nicht dorthin, sonst fällst du noch!"

„Achtung, du könntest dir wehtun!"

Es ist schon fast schmerzhaft, so etwas zu sehen. Ein Kind, das solche Sätze gesagt bekommt, traut sich bald gar nichts mehr. Natürlich, es gibt hyperselbstbewusste oder supernaive Menschen, die man besonders schützen muss. Aber es gibt eben auch Menschen, die erwarten das Unglück hinter jeder Ecke.

Und wie ist das mit den Situationen, in denen wir genau wissen, dass das Unglück auf uns zukommt? So, wie es damals bei Daniel war? Was, wenn uns das Unglück tatsächlich einholt?

Daniel war ein aufrichtiger Mann. Aber die Regel war klar: Wer einen anderen Gott als den König anbetet, wird in die Löwengrube geworfen. Doch Daniel ging seiner Gewohnheit nach und betete bei offenem Fenster drei Mal täglich zu seinem Gott. Sein Leben wurde nicht von Unglücksgedanken gezeichnet, sondern von seinem Glauben. Selbst, als er noch eine zweite Chance bekam, regierte ihn nicht die Angst vor der Löwengrube, sondern der Glaube an seinen Gott und dessen Handeln. Er sagte dem König, dass sein Herr ihn aus der Löwengrube erretten könnte, aber selbst wenn er es nicht täte, würde er trotzdem nicht vor ihm, dem König, niederknien.

Auch David kannte das Gefühl, das Unglück direkt vor sich stehen zu haben. Der Riese Goliath war mehr als imposant. Doch Davids Glaube an seinen Gott war größer. Der Junge hatte zwar keine Armee, keine Waffenrüstung, aber Gott auf seiner Seite. Und der trug David auch durch, als dieser Morddrohungen vom König erhielt, sich vor fliegenden Speeren in Sicherheit bringen musste und schließlich seinen besten Freund sowie seine Frau verlassen musste, um sich in Höhlen zu verstecken. Was war das für ein Leben! Da war es doch bei den Schafen viel besser …

Und denken Sie an Josef. Auch der hatte es nicht einfach gehabt. Wie David war er das Küken der Familie und seine Brüder konnten ihn nicht ausstehen. Schließlich wurde er sogar verkauft, nachdem er in einen leeren Brunnen geworfen worden war. Und dann, als er in

Ägypten eine gute Position bekommen hatte, weigerte er sich, sich von Potifars Frau verführen zu lassen – und wurde aufgrund falscher Anschuldigungen ins Gefängnis geworfen. Nicht nur für ein paar Tage. Sondern für Jahre. Die besten Jahre seines Lebens waren das. Ob ihn da nicht sein Trauma vom dunklen Brunnenschacht wieder eingeholt hat? Ob er nicht mit Gott gehadert hat, als aus Wochen Monate und aus Monaten Jahre wurden? Ob er nachts, wenn er allein in seiner Zelle saß, in Selbstmitleid versank? Auch wenn wir vieles über Josef in der Bibel nicht erfahren, eines steht fest: Gott war mit Josef (siehe 1. Mose 39,2).

Das zu wissen – Gott ist mit mir –, macht den großen Unterschied. Gerade dann, wenn sich an den Umständen lange oder nie etwas ändert. Was trägt mich durch? Es ist das Wissen, dass Gott alles in der Hand hat, auch meine Probleme, auch die schweren Zeiten, auch die scheinbar ausweglosen Situationen. Er führt mich sicher durch das dunkle Tal. Er als mein Hirte kennt den besten Weg über die gefährlichen Klippen und ist stets ganz nah bei mir und hält mich fest. Er weiß, was ich brauche. Und weiß, wo das Ziel ist.

Wie wären wohl die Zeiten im dunklen Tal ohne das Wissen, dass er bei mir ist?

Dein Stecken und dein Stab trösten mich

Wie seine Worte in unserem Herzen ihre Kraft entfalten

Ich kann mich noch gut an die Zeit erinnern, als ich als 19-Jährige nach Chicago ans *Moody Bible Institute* ging, um dort mein Musik- und Theologiestudium zu beginnen. Wegen Visaproblemen kam ich mit ein paar Wochen Verspätung dort an und musste mich mit den übrig gebliebenen Nebenjobs, die es auf dem Campus gab, begnügen. Eine dieser ungeliebten Arbeiten war der Job in der Kantine. Dort wurden in riesigen Wannen die großen Kantinentöpfe geschrubbt, nachdem sie mit

Hochdruck abgespritzt worden waren. Fett, Schmutz, Lärm und Wasser. Ich weiß noch genau, was ich anhatte, als ich mich für diesen Job bewarb und noch nicht so recht wusste, was er eigentlich beinhaltete. Ich trug einen roten Rock, ein rotes Top, hatte rote Nägel und natürlich rote Lippen. Ahhh, peinlich, wenn man alte Bilder anschaut, sich fremdschämt und dann feststellen muss, dass man das ja selber ist. Wie auch immer, der Chef der Crew (die übrigens nur aus Männern bestand) schmunzelte und zeigte mir als Allererstes die vor Fett triefenden Grillhauben. Erstaunt darüber, dass er mich damit nicht abgeschreckt hatte, führte er mich in die „Backstage". Dort, neben den riesigen Wasserwannen, in denen verschiedene Chemikalien blubberten, stapelte sich ein gigantischer Turm verschmutzer Töpfe und Pfannen.

Es folgte eine Führung durch die Küche, wo die Küchenjungs – und bald vielleicht auch ich – verantwortlich dafür waren, die heißen Essensbehälter aus den Öfen direkt an die Foodline zu bringen. Natürlich passend bekleidet mit schwarz-weiß karierten Arbeitshosen, schwarzem T-Shirt und einer schwarzen Kappe. Optional auch mit Handschuhen, die aber nicht verhindern konnten, dass das reinigende Chemikalienwasser die Hände während einer Schicht komplett aufweichte.

Ich hatte keine andere Wahl – und schon in Deutschland und der Schweiz so viele Jobs hinter mir, dass ich sofort angestellt wurde. Nach dem dritten Jahr erzählte mir der Küchenchef, er hätte darauf wetten können, dass ich nach meinem ersten Arbeitstag nicht wiederkomme. Doch ich wurde seine beste Arbeiterin.

Die Ferien verbrachten die meisten amerikanischen Studenten zu Hause bei ihren Familien. Ich verbrachte sie in der Kantinenküche. In dieser Zeit wurde die Küche an Stellen gereinigt, für die während des normalen Studienbetriebs keine Zeit war. Mit Sprays und Werkzeug bewaffnet schrubbte und polierte ich Stahloberflächen. Im Rückblick betrachtet war diese Zeit jedoch nicht nur mühsam. Ich habe aus dieser Zeit einen Schatz hinübergerettet, den mir niemand mehr nehmen kann. Ich weiß nicht mehr, wie ich auf die Idee kam, aber ich beschloss eines Tages, über die Ferienwochen einen Teil der Bibel auswendig zu lernen. Über das Studienjahr hatte ich mir in der Küche bereits Opernarien und anderen Unterrichtsstoff angeeignet. Ich hatte den Lernstoff ausgedruckt, in Folie eingeschweißt und über die Wannen geheftet. Dort konnte ich sogar singen, und es hörte niemand, da es in der Spülküche so laut war. So nahm ich mir für den Sommer nun den Jakobusbrief vor. Ich war erstaunt, wie schwer es mir fiel, die Verse zu lernen. Obwohl ich mir eine geschmeidige Übersetzung ausgesucht hatte, war es wirklich harte, harte Arbeit. Und so hatte ich nach dem langen Sommer von den fünf Kapiteln gerade mal eins geschafft. Ob ich es heute immer noch fließend aufsagen kann, bezweifle ich, aber wie oft war mir der Text in den letzten Jahren ein Stecken und ein Stab! Oft hat ein Vers daraus mir gezeigt, in welche Richtung ich gehen soll, welches Gefühl mich in die falsche Richtung führt oder wie Gott die Dinge sieht. Bis heute kommt in bestimmten Situationen hier und da ein Vers an die Oberfläche und fast immer ist er aus dem ersten Kapitel des Jakobusbriefes. Denn dieses habe ich in mir. Es ist mir ein wirklicher Schatz geworden.

Ein Hirte hatte früher meist zwei Stöcke. Der eine war ein gerader, eher kurzer Stecken. Er diente als Waffe oder dazu, einen Weg durch das Gestrüpp zu bahnen. Der andere Stab war länger, am Ende gebogen. Der Hirte konnte damit ein Schaf von einer potenziellen Gefahr mit einem Ruck zurückziehen.

Um auf die saftigen Sommerwiesen zu kommen, musste man durch dunkle Täler und Schluchten. Das wusste der Hirte, die Schafe jedoch nicht. Wirklich weit nach vorne schauen konnten sie auch nicht. Deshalb lief der Hirte den Weg vorher schon mal ohne die Schafe ab. Er hatte sie dabei ständig vor dem inneren Auge. „Hier wird es eng, an dieser Stelle geht es steil bergab, an dieser Stelle werden wir Rast machen."

Der Hirtenstab war nicht nur an Abgründen, sondern auch in der Dunkelheit ein wertvolles Utensil. Wenn es dunkel wurde und die Schafe nicht mehr viel sahen, war eine Berührung mit dem Stecken oder dem Stab ein riesiger Trost für das Schaf. Ein Lebenszeichen. Eine Versicherung, dass es nicht alleine war. Dass der Hirte da war und es im Blick hatte. Wie gut sich das angefühlt haben muss!

Wenn wir das Gefühl haben, wir können uns an nichts mehr festhalten, und es kommt uns dann ein Wort in den Sinn, das wie maßgeschneidert in unsere Situation passt, kann das ein unglaublicher Trost sein. Auch wenn wir durch das dunkle Tal hindurchmüssen: Wir werden auf der anderen Seite wieder herauskommen. Jetzt müssen wir blind vertrauen. Nicht in irgendeine Sache, sondern in die kompetente Führung und Fürsorge unseres Hirten.

Es ist schon erstaunlich, wie viele Liedtexte ich auswendig kann. Ich singe sie mit, wenn ich sie im Radio höre, ohne dass ich mir je bewusst die Mühe gemacht hätte, sie auswendig zu lernen. Sie haben sich quasi passiv, mittels einer clever komponierten Melodielinie in mich „hineingesungen", und ohne dass es mir bewusst wird, kann ich das Lied oder den Refrain plötzlich auswendig. Oft wissen wir gar nicht, was die Texte bedeuten, aber es fühlt sich so gut an; die sogenannte „Hookline" prägt sich dank ihres Ohrwurmcharakters ganz von selbst ein. Schade, dass Radio-Songs oft so wenige Nährstoffe haben und uns Speicherplatz wegnehmen.

Da ist die Bibel schon gehaltvoller. Immer wieder lesen wir an verschiedenen Stellen, dass wir uns Gottes Wort ins Herz schreiben, Tag und Nacht darüber meditieren und es auswendig lernen sollen. „Bewahrt die Gebote, die ich euch heute gebe, in eurem Herzen", heißt es zum Beispiel in 5. Mose 6,6 (NL). Und in Sprüche 7,2–3 (LÜ) lesen wir: „Behalte meine Gebote, so wirst du leben, und hüte meine Weisung wie deinen Augapfel. Binde sie an deine Finger, schreibe sie auf die Tafel deines Herzens."

Die Worte Gottes sollen uns in Fleisch und Blut übergehen. Viele von uns kennen den Psalm 23 oder das Vaterunser auswendig. Sie lassen sich auch leicht lesen. Andere Stellen der Bibel klingen dagegen irgendwie „alt" und schmecken eher wie Schwarzbrot, sind nicht so leicht verdaulich. Klingen nicht so elegant. Aber auch sie gehören zum Wort Gottes. Sind Wahrheit. Reinigen uns. Wir können uns daran festhalten, wenn wir durchs Tal gehen und unsere Hand nicht mehr vor Augen sehen.

„Schwarzbrot-Bibelverse" sind wie alte Hymnen voller Theologie. Keine leichte Kost, aber tiefer Trost. Zu diesen alten Hymnen gehören ganz sicher auch die Lieder von Paul Gerhardt, von denen viele noch heute gesungen werden. Im Jahr 1653, kurz nach dem Dreißigjährigen Krieg, textete er folgende Strophe, die in seinem bekannten Weihnachtslied „Wie soll ich dich empfangen?" zu finden ist:

Das schreib dir in dein Herze,
du hochbetrübtes Heer,
bei denen Gram und Schmerze
sich häuft je mehr und mehr.
Seid unverzagt! Ihr habet
die Hilfe vor der Tür;
der eure Herzen labet
und tröstet, steht allhier.

Ein Stecken ist weder kuschelig noch warm. Viele unserer modernen Lieder sind leicht verdaulich. Doch die meisten werden nicht einmal ein Jahrzehnt überleben. So schnell, wie sie gekommen sind, werden sie auch wieder verschwunden sein. Was tröstet uns in dunklen Zeiten? Welche Worte haben wir auswendig gelernt und verinnerlicht? Hoffentlich nicht nur ein paar laue Lieder aus den Charts. Hoffentlich Worte aus dem Mund Gottes.

Der Sohn Davids, Salomo, schreibt in seinen Sprüchen wiederum seinem Sohn, wie glückselig er sein wird, wenn er die Weisheit Gottes sucht, findet und an ihr festhält:

Mein Sohn, wenn du meine Reden annimmst und meine Gebote bei dir verwahrst, sodass du dein Ohr aufmerksam auf Weisheit hören lässt, dein Herz neigst zum Verständnis; ja, wenn du dem Verstand rufst, deine Stimme erhebst zum Verständnis, wenn du ihn suchst wie Silber und ihm nachspürst wie nach verborgenen Schätzen, dann wirst du die Furcht des Herrn verstehen und die Erkenntnis Gottes finden. Denn der Herr gibt Weisheit; aus seinem Mund kommen Erkenntnis und Verständnis. Er bewahrt klugen Rat auf für die Aufrichtigen; er ist ein Schild denen, die in Lauterkeit wandeln, indem er die Pfade des Rechts behütet und den Weg seiner Frommen bewahrt.
Sprüche 2,1–8

Ich glaube, die Sache mit dem Stecken und Stab ist viel weniger eine passive Angelegenheit im Sinne von: „Nun, jetzt hoffe ich mal, dass der gute Hirte zu mir kommt und mich mit dem Stab berührt, damit ich mich sicher fühlen kann". Der Trost durch seinen Stab ist vielmehr etwas, was aktiv von mir gelebt sein will. Seine Worte, die ich mir in guten Zeiten, auf den Weiden und an stillen Wassern, wie Schätze aneigne, werden mir im dunklen Tal meines Lebens Stecken und Stab sein.

Nehmen Sie sich die Wahrheit, die Ihnen so frei zur Verfügung steht, und legen Sie sie in Ihr Herz. Diese Wahrheit wird Sie trösten in dunklen Zeiten. Denn er selbst ist es, der dann zu Ihnen spricht. Mit seinem Wort. Seinem Stecken, seinem Stab.

Lege deine Sorgen nieder

Lege deine Sorgen nieder,
leg sie ab in meine Hand.
Du brauchst mir nichts zu erklären,
denn ich hab dich längst erkannt.

Lege sie nieder, in meine Hand.
Komm, leg sie nieder,
lass sie los in meiner Hand.
Lege sie nieder, lass einfach los.
Lass alles falln,
nichts ist für deinen Gott zu groß.

Lege deine Ängste nieder,
die Gedanken in der Nacht.
Frieden gebe ich dir wieder,
Frieden hab ich dir gebracht.

Lege deine Sünde nieder,
gib sie mir mit deiner Scham.
Du brauchst sie nicht länger zu tragen,
denn ich hab für sie bezahlt.

Lege deine Zweifel nieder,
denn dafür bin ich viel zu groß.
Hoffnung gebe ich dir wieder,
lass die Zweifel einfach los.

Lege sie nieder, in meine Hand.
Komm, leg sie nieder,
lass sie los in meiner Hand.
Lege sie nieder, lass einfach los.
Lass alles falln,
nichts ist für deinen Gott zu groß.

Du bereitest vor mir einen Tisch angesichts meiner Feinde

Auch wenn alles dagegenspricht: Er macht es gut

Wie es Noah wohl ergangen sein mag, als er seiner Frau von dem Projekt „Arche“ erzählte – davon, dass Gott ihm persönlich den Auftrag dafür gegeben und ihm sogar die genauen Maße für das Schiff durchgegeben hatte?

Ob seine Frau ihn mit Fragen bombardiert hat? „Und wo willst du das riesige Ding hinstellen? Aufs Feld? Und da willst du dann jeden Tag arbeiten? Tagein, tagaus? Bist du dir da ganz sicher?“

Ob sie ihren Mann zwischendurch besuchen kam, um ihm und ihren drei Jungs bei der Arbeit zuzuschauen? Um zu sehen, wie weit das Projekt bereits gediehen war?

„Kannst du mir mal die Säge reichen, Sem? Magst du mir beim Streichen helfen, Jafet?"

Es war ein Familienprojekt, zweifellos.

Was hat Frau Noah sich wohl gedacht, als ihre besten Freundinnen und Nachbarn sie beim Cappuccinotrinken vorsichtig fragten, ob sie dieses Jahr ihren Geburstag in der Arche feiern würden? Und wie es ihnen so ginge als Ehepaar, als Familie?

Familie Noah wurde sicherlich pausenlos beschämt, schief angeguckt, belächelt. „Die ticken nicht mehr ganz richtig", haben die Leute bestimmt gesagt, als sie sahen, wie Noah anfing, mitten im Gebirge ein riesiges Schiff zu bauen. Vielleicht hat der eine oder andere Nachbar mal ganz interessiert gefragt, wie die Arche denn von innen aussieht, und Noahs Frau hat ihnen dann eine Führung durch den Rohbau gegeben. Ob sie gezweifelt hat zwischendurch? Ob sie manchmal gedacht hat: *Ist das wirklich richtig, was wir da machen? Hat Gott wirklich zu Noah gesprochen? Übernehmen wir uns mit der Arche nicht gewaltig?*

Über die Jahre waren sie zur „Archefamilie" geworden. Dabei hatten sie doch ganz andere Pläne gehabt … Aber wenn sie ihren Jungs dann ein warmes Mittagessen vorbeibrachte und ihnen bei den Besprechungen zuhörte, wurde sie sicher wieder darin bestärkt, dass es der richtige Weg war. Da musste doch was dran sein an alldem! Ihr Mann hatte von Gott doch noch nie komische Sachen gehört. Manchmal stellte sich Frau Noah vor, wie ihre Lieblingsnachbarin qualvoll in den Fluten ertrank … Unvorstellbar. Sie musste sie und ihre Familie warnen, sie musste ihnen die Rettung, die Arche schmackhaft machen! Was wäre sie denn sonst für eine Freundin?

Also – so stelle ich mir vor – lud sie sie ihre Nachbarn zum Cappuccinotrinken ein und servierte ihnen einen selbst gemachten Streuselkuchen. Vielleicht mit dem Gedanken: Wie schön es doch wäre, die ganze Nachbarschaft in der Arche sicher zu wissen! Doch diese Sicherheit, die sie hatte, wenn sie Noah zuhörte oder ihm beim Arbeiten zusah, schwand augenblicklich, als Sonja mit Max zur Tür reinkam. „Dein Noah sollte mal lieber eure Klingel reparieren, als seinem monströsen Hobby nachzugehen. Du tust uns so leid. Wie hast du das nur verdient? Aber Männer können ja manchmal so egoistisch sein …"

Als die Frau Nachbarin so sprach, da flog sie aus dem Fenster, diese Gewissheit, dass die Flut kommen wird, irgendwann. *Was ist denn das für ein Leben! Und jetzt geht das schon so lange. Die Arche steht noch immer im Rohbau und alle machen sich lustig über uns.*

Gedankenversunken sitzt Frau Noah beim Cappucinotrinken und taucht in die Welt der Nachbarin ein. Ja, der Max geht bald zum Schwimmkurs. Oh Schreck! Da waren sie wieder, diese Horrorbilder. *Aahhh, nur nicht an die Flut denken, nicht an die Flut denken …*

Ja, die anderen fahren in den Urlaub. Aber wir bleiben bei der Arche. Muss ja fertig werden, bis der große Regen kommt …

Manchmal, wenn es schon jetzt ganz ordentlich regnete, stürmte und blitzte und die Feldarbeiter schnell in ihren Häusern Unterschlupf suchten, schrien sie beim Vorbeigehen dem Noah noch zu: „Hey, alter Mann, ist sie das, deine Flut? Sieht doch ganz so aus, was? Hoffe, dein Dach ist dicht!"

Als Gott Noah schließlich grünes Licht gab und ihm sagte, er könne jetzt in die Arche gehen, war das ein gewaltiger Moment. Alle Hoffnung, alles Vertrauen der letzten Jahrzehnte, alles Bauen, alles Ausgelachtwerden – jetzt würde die Wahrheit ans Licht kommen. Vielleicht konnten sie sich nicht mal ordentlich von den spottenden Nachbarn verabschieden. Von ihnen hatten sie sich aus Selbstschutz sicher auch schon lange entfremdet. Nun noch ein letzter Gang über den Hof, am Brunnen vorbei, ein letzter Blick auf ihr Haus und noch ein letztes Mal die Aussicht genießen … und dann hinein in die rettende Burg.

Was für ein Vertrauen! Dort, im Bauch des riesigen Holzschiffes, saßen sie dann erst mal eine ganze Woche lang. Und dann, am siebten Tag, machte Gott seine Vorhersage wahr …

Und es geschah nach sieben Tagen, da kam das Wasser der Flut über die Erde. Im 600. Lebensjahr Noahs, im zweiten Monat, am siebzehnten Tag des Monats, an diesem Tag brachen alle Quellen der großen Tiefe auf, und die Fenster des Himmels öffneten sich. Und der Regen fiel auf die Erde vierzig Tage und vierzig Nächte lang.
1. Mose 7,10–12

Als Noah die Arche baute, war er jahrelang der Spott der ganzen Stadt. Aber er hatte seinem Gott auch angesichts seiner Feinde vertraut – und sein Hirte hatte für ihn gesorgt, ihn in Sicherheit gebracht. Gott hatte ihn am Ende für seinen Glauben belohnt, denn, so heißt es im Hebräerbrief: „Durch den Glauben hat Noah Gott geehrt" (Hebräer 11,7; LÜ).

Der Sieger wird immer erst am Ende bekannt gegeben.

Als Noah im Hochland, fernab vom Meer, ein 133 Meter langes Schiff baute, erweckte er den Anschein eines Verrückten.

Als David sich vor den Mordanschlägen Sauls in Höhlen verstecken musste, hätte man in ihm sicherlich nicht den nächsten König von Israel vermutet.

Als Jesus am Kreuz hing, sah er aus wie ein Verlierer.

Doch Gott verwandelt das, was in unseren Augen verrückt, schwach und klein aussieht, in etwas Siegreiches.

An dem Tag, an dem Noah mit seiner Familie in die Arche ging, vertraute Gott ihm die Tiere an – und die wenigen Menschen, die nach der Flut das Weiterleben der Menschheit sicherstellen würden. Mit Noah schloss Gott einen Bund und setzte als Zeichen dafür einen Regenbogen in die Wolken.

David wurde König von Israel, ein König nach dem Herzen Gottes. Wie gut, dass er es nicht selbst in die Hand genommen hatte, König Saul zu ermorden, als es ihm so leicht möglich gewesen war.

Nach drei Tagen ist Jesus vom Tod auferstanden und hat die Pläne des Feindes für immer zunichtegemacht.

Wenn Sie gerade wie ein Verlierer dastehen, warten Sie. Halten Sie durch. Bis zum Ende, wie Jesus es getan hat. Und David und Noah.

Kein Auge hat je gesehen, kein Ohr hat je gehört, und kein Mensch konnte sich jemals auch nur vorstellen, was Gott für die bereithält, die ihn lieben.
1. Korinther 2,9; NGÜ

Wir werden es am Ende sehen. Und nicht nur wir. Unsere Feinde ebenfalls.

Wenn wir unserem Hirten folgen, ist es gut möglich, dass andere Schafe unseren Weg nicht verstehen und sagen: „Wieso führt dich dein Hirte durch ein Tal? Man sagt, es sei dunkel dort und gefährlich. Überlege doch mal, was für einen Spaß du mit uns haben könntest auf dieser Seite!"

Ja, ich kann sie, die so reden, verstehen. Es gibt schönere Wege, breitere Wege. Aber der Hirte sagt, dass der Weg, der zum Leben führt, schmal ist. Deshalb will ich ihm vertrauen. Er hat ihn vorbereitet, den Tisch. Die Arche, die Rettung, die Wohnung, meine Zukunft. Ich will warten, bis ich aus dem Tal herauskomme. Dann werde ich mich an einen reich gedeckten Tisch setzen. Und meine Feinde werden zusehen.

Die Sieger werden immer erst am Ende bekannt gegeben.

Du hast mein Haupt mit Öl gesalbt

Der Heilige Geist – unser Schutz

Manche Feinde sind groß und unübersehbar. Andere wiederum nahezu unsichtbar – und genau das macht sie so gefährlich. Man weiß oft gar nicht, dass man in Gefahr ist, bis es schon zu spät ist.

Für die Schafe sind diese unsichtbaren Feinde zweifellos die sogenannten Nasenfliegen. Der Schrecken eines jeden fürsorglichen Hirten. Sie heißen Nasenfliegen, weil sie sich durch die Nase des Schafes einen Weg zum Gehirn bahnen und dort ihre Eier legen. Man kann sich kaum vorstellen, wie wahnsinnig dies das betroffene

Schaf macht, das dann mit allen Mitteln versucht, die sich vermehrenden Eindringlinge und das furchtbare Jucken loszuwerden. Oft sieht der Schäfer erst anhand der fatalen Folgen, dass diese kleinen, fiesen Fliegen bereits Eier in den Kopf des Schafes gelegt haben. Schafe, die von diesen Parasiten befallen sind, rennen wie wild hin und her und versuchen an Büschen, Zäunen und Wänden, ihren Juckreiz zu beruhigen. Die Nasenfliegen machen ihnen das Leben regelrecht zur Hölle. Meist verendet ein erkranktes Schaf an Knochenbrüchen – und das wegen einer kleinen Fliege, die in seinem Kopf Eier gelegt hat!

Stellen Sie sich vor, das Schaf hätte einen Grabstein, auf dem stehen würde: „Starb an den Folgen einer eierlegenden Fliege." Da würde doch die Aufschrift „Kam beim Kampf mit einem Löwen heldenhaft ums Leben" wesentlich grandioser klingen, nicht wahr? Aber Tod durch eine Fliege?

So wie Nasenfliegen, die fast unbemerkt in die Nähe des Schafes kommen und dann sogar in seinen Körper eindringen können, verhalten sich auch unsere unsichtbaren Feinde – unsere Gedanken. Gedanken, die wir heimlich pflegen und die mit der Zeit immer größer und konkreter werden.

Jeder aber wird versucht, wenn er von seiner eigenen Begierde fortgezogen und gelockt wird. Danach, wenn die Begierde empfangen hat, bringt sie Sünde hervor; die Sünde aber, wenn sie vollendet ist, gebiert den Tod.
Jakobus 1,14–15

Unsere Gedanken? Wir sind schockiert, wenn wir von einem Amoklauf hören oder davon, dass sich ein Bekannter das Leben genommen hat. „Wer tut denn so etwas?“, sagen die Leute kopfschüttelnd. Wer so etwas tut? Der, der es vorher gedacht hat, der tut so etwas.

Wir wissen, dass unsere Handlungen von unseren Gedanken gesteuert werden. Unsere Gedanken haben die Kraft, ein ganzes Leben umzukrempeln – aber auch, es zu zerstören. Als die Pharisäer Jesus wieder einmal in die Ecke zu drücken versuchten und ihn fragten, weshalb seine Jünger sich nicht der jüdischen Tradition gemäß die Hände vor dem Essen gewaschen hatten, da antwortete Jesus ihnen: Ein Mensch wird nicht durch das verunreinigt, was von außen in ihn hineingeht, sondern von dem, was aus seinem Herzen kommt. Denn dort werden alle bösen Dinge geboren (siehe Markus 7,15). Krass, nicht wahr? Wir können in unseren Gedanken Dinge zur Welt bringen, die unglaublich böse, dunkel und gemein sind.

Ja, andere Feinde scheinen offensichtlicher zu sein als subtile Gedanken, und auch gefährlicher, weil sie so konkret vor uns stehen. Zum Beispiel die Kollegen, die mir Übles nachsagen. Oder die Krankheit, die mich ungefragt heimsucht. Doch unsere gefährlichsten Feinde sind immer die, die in unser Herz und Denken eindringen und sich dort unbeobachtet entfalten können. Oft sehen wir leider erst im Nachhinein, dass sich da etwas in uns einnisten und vermehren konnte.

Wie wichtig ist es deshalb, dass wir auf unsere Gedanken achtgeben! Denn meistens bleibt es ja nicht bei den Gedanken, sondern es entwickeln sich Gefühle daraus, die wiederum zu konkreten Taten führen.

Wie können wir aber nun beeinflussen, was wir denken oder nicht denken wollen? Wie können wir vermeiden, dass die „Fliegen“ in uns eindringen und in uns wohnhaft werden?

Der Hirte stellt eine ganz spezielle Ölmischung her, die er seinen Schafen fürsorglich und vorsorglich auf die Stirn reibt. Er salbt sie mit diesem speziellen Öl – und die Fliegen werden abgehalten. Sie verlieren allein beim Geruch des Öls jedes Interesse daran, dem Schaf näher zu kommen. Raffiniert! Das Öl ist vorbeugend und heilend zugleich.

Vielleicht hat David ja an die gefährlichen Nasenfliegen und die vorbeugende Behandlung mit Öl gedacht, als der Prophet Samuel ihn, den Hirtenjungen, zum König salbte. Der ehrwürdige Prophet hatte eine unglaublich heilige Ausstrahlung. Hätte da ein anderer vor ihm gestanden, hätte David vielleicht gewagt zu fragen, warum er das Salbgefäß rausholte. Da kann ja jeder kommen und ihm Öl über den Kopf schütten! Aber der Prophet wusste zweifellos, was er tat. David wurde für sein neues Amt gesalbt. Ein Königsamt. Zwar würde er jetzt wieder zurück zu den Schafen gehen und weiter als Hirte arbeiten, aber: Er war gesalbt worden. Ein neuer Abschnitt in seinem Leben hatte begonnen.

In der Bibel wird das Salböl gerne als Symbol für den Heiligen Geist verwendet. Wenn wir uns der Herrschaft des guten Hirten unterstellen und ihm die Führung unseres Lebens überlassen, werden wir auch gesalbt. Mit dem Heiligen Geist. Ein neuer Abschnitt beginnt. Nach außen hin verändert sich vielleicht gar nicht viel. Wir gehen der gleichen Arbeit nach, sehen auch nicht anders aus als vorher, aber der Heilige Geist hat nun Wohnung in uns genommen, und dadurch ist alles anders als zuvor. Die bösen Gedanken, die uns von innen verunreinigen wollen, stehen jetzt auf Kriegsfuß mit dem heiligen Öl.

Sie dürfen nicht einfach ohne Weiteres in uns einziehen, denn da thront und regiert jetzt ein anderer. Durch das „Öl" sind wir versiegelt, für immer. Wie David auch Tage nach der Salbung – als das Öl zusammen mit dem Staub längst abgewaschen war – zum König gesalbt *blieb*, sind und bleiben auch wir durch den Heiligen Geist Kinder Gottes. Sein Geist ist das Siegel, das uns am Ende unserer Reise aus dieser vergänglichen Welt als Eintrittskarte in sein ewiges Reich dient.

Aber im Gegensatz zur einmaligen Salbung zum König braucht das Schaf immer wieder neu frisches Öl auf seiner Stirn. Denn die Wirkung des Öls lässt bald nach und hält die Nasenfliegen nicht mehr fern.

So ist es auch bei uns. Auch wir brauchen immer wieder neu das schützende Öl, das die unsichtbaren Feinde von uns fernhält. Wir müssen uns regelmäßig von unserem Hirten salben lassen. Zerstörerische Gedanken, suggestive Sätze haben dann keinen freien Zugang mehr zu unserer innersten Schaltstelle.

Doch um in den Genuss der Salbung zu kommen, müssen wir ihm nahekommen. Stillhalten, um so seine Finger auf unserer Stirn spüren zu können. Das „Öl" hat die Kraft, nicht nur unsere Feinde fernzuhalten, sondern uns auch im Inneren zu heilen.

Was für ein schönes Bild! Nehmen wir uns die Zeit, um in seine Gegenwart zu kommen und uns salben zu lassen von ihm, unserem Hirten? Lauschen wir seinen Worten und lassen uns durch sie reinigen?

Healing Power

Let your healing power flow
through me.
Where there is anger, let it flow.
Where there is hatred, let it flow.
Where there is fear in me, let it flow.
Let it flow.

Lass deine Heilungsströme fließen
durch mich.
Wo Wut ist, lass sie fließen.
Wo Hass ist, lass sie fließen.
Wo Angst ist, lass sie fließen.
Lass sie fließen.

Wir sind und werden fortlaufend in unserem Leben als Christ vom Heiligen Geist gesalbt. Manchmal spüren wir diese heilige Salbung ganz deutlich. Alle Furcht weicht und wir erleben, wie Stärke und Autorität über uns kommen. Gleichzeitig werden wir uns aber auch unserer Schwäche bewusst, und wir erkennen, dass nicht wir es sind, die irgendetwas tun, sondern der Heilige Geist, der durch uns wirkt.

Wie sieht es in Ihren Gedanken aus? Dort, wo niemand sonst hineinschauen kann? Von welchen unsichtbaren „Fliegen" werden Sie bedroht? Ihr Hirte will Sie salben, segnen. Sie sind in seinen Augen unendlich kostbar – und deshalb schützenswert.

Gott ist's aber, der uns fest macht samt euch in Christus und uns gesalbt und versiegelt und in unsre Herzen als Unterpfand den Geist gegeben hat.
2. Korinther 1,21–22; LÜ

Mein Becher fließt über

Mehr als genug

Ich weiß nicht, wo es herkommt, dieses Gefühl, nicht genug zu haben. Oft sind wir schnell dabei, uns auf genau das zu konzentrieren, was uns fehlt: Geld, Zeit, Gesundheit. Ein Auto, eine größere Wohnung, mehr Beweglichkeit. Irgendwie sind wir exzellent darauf trainiert, den Mangel zu sehen. Das, was mehr, besser, schöner sein könnte. „Mein Becher fließt über"?! Wohl kaum.

Ob Jesus da besser dran war als wir? Irgendwie kaum vorstellbar, dass es ihm an irgendetwas mangelte, oder? Aber wenn wir genauer hinschauen, dann sehen wir, dass er einer von uns war. Ein König zwar, aber vielleicht der einzige König, der kaum etwas besaß.

Das hat die Welt noch nicht gesehen

Das hat die Welt noch nicht gesehn.
Ein Engel grüßt ein Mädchen.
Du bist begnadet, du wirst sehen.
Gott wird seinen Sohn dir geben.

Das hat die Welt noch nicht gesehn.
Wie Himmelschöre singen
und sie den Hirten auf dem Feld
die frohe Botschaft bringen.

Immanuel, Gott mit uns.
Immanuel, Gott mit uns.

Das hat die Welt noch nicht gesehn.
Ein Stern, der uns den Weg weist
in einen Stall nach Bethlehem,
wo Gottes Sohn geboren ist.

Das hat die Welt noch nicht gesehn.
Ein König ohne Krone,
ohne Paläste und Juwelen.
Ein König unsrer Herzen.

Das hat die Welt noch nicht gesehn.
Ein Königreich der Herzen.
Doch gibt es Raum in meinem Leben?
Und welchen Raum werd ich ihm geben?

Immanuel, Gott mit uns.
Immanuel, Gott mit uns.

Seine Ankunft auf dieser Erde war alles andere als glamourös, sein Leben eher unspektakulär und sein Ende grauenhaft. Jesus hatte keinen festen Wohnort, sondern zog mit seinen Jüngern von einem Dorf ins andere, um dort die Kranken zu heilen, die Kinder zu segnen und die Menschen zu lehren. Er selbst besaß fast nichts. Noch nicht mal eine Krone oder ein teures Gewand, was ihn als König hätte auszeichnen können. Und als er seine Jünger auf ihren ersten „Einsatz" schickte, sagte er ihnen, sie mögen kein Geld mitnehmen, ja, nicht einmal eine Tasche! (siehe Lukas 10,4).

Bei seinem Einzug in Jerusalem musste er sich einen Esel leihen – er selber hatte ja keinen. Und seine Mahlzeiten fielen wohl auch nicht immer so üppig aus. Als er einmal mit seinen Freunden auswärts essen ging – durch die Felder lief, wo sie die Ähren zwischen den Händen zerrieben und die Körner aßen, da erntete er Missgunst bei den Schriftgelehrten. Sie lebten quasi von der Hand in den Mund, und das auch noch am Sabbat!

Nein, glamourös war nichts im Leben von Jesus. Er war noch nicht mal sonderlich schön anzuschauen. In der Vision vom leidenden Gottesknecht heißt es: „Er war weder schön noch stattlich, wir fanden nichts Anziehendes an ihm" (Jesaja 53,2; GN).

Doch er, der in Armut und Einfachheit gelebt hat, ist gleichzeitig der Schöpfer eines Universums, das mehr Galaxien umfasst, als wir heute ansatzweise erforschen können. Er ist der intelligente, fantasievolle und – das muss man schon mal sagen – geradezu verschwenderische Designer.

Wie lang müssen denn Pfauenfedern wirklich sein? Die Hälfte ihrer Länge hätte doch dicke gereicht – und sie wären immer noch unglaublich lang. Und warum diese schillernde Farbenpracht? Grün oder Blau hätten es doch auch getan. Müssen die Farben wirklich so bezaubernd schimmern?

Wenn man winzigste Kleinstlebewesen betrachtet – oder bei Nacht den riesigen Sternenhimmel –, kommt man aus dem Staunen nicht mehr heraus. Wo wir auch hinschauen, stoßen wir eher auf protzende Schönheit und verschwenderische Fülle als auf geizende Einfachheit. Doch der Höchste, er, der die Vögel schöner kleidete als Salomo in seinem prunkvollen Palast, hätte dann doch sicher genauso leicht Geld vermehren können wie Fische und Brot. Wieso tat er es dann nicht? Warum hatte er dann einen so einfachen Lebensstil?

Wenn wir einen Blick in die Bibel werfen, entdecken wir, dass Gott immer wieder manche Menschen auch materiell unglaublich beschenkt hat, ihnen die Intelligenz und die Möglichkeiten gab, richtig reich zu werden. Und er kann dies auch heute noch tun. Er ist schließlich der Geber aller wunderbaren Dinge, auch der materiellen Güter. Er ist der Schöpfer aller Dinge und weiß, wie man diese auf gesunde und verantwortungsvolle Weise genießen kann. Und trotzdem: Er selbst ist ganz bewusst den eher einfachen Weg gegangen. Er hat, als Satan ihn in der Wüste versuchte, allen Reichtum, alle irdische Macht und alle körperliche Bedürfnisbefriedigung abgelehnt. Denn seine Mission war größer und seine göttliche Autorität war nicht von äußerem Wohlstand abhängig. Er war komplett unabhängig.

Reichtum, der auf ehrliche, menschenwürdige Weise erwirtschaftet wird, ist jedoch nichts Verwerfliches. Er ist immer ein Geschenk Gottes und nicht des Satans. Geld gehört nicht Satan. Aber der Sog, den Habgier, Macht, Geld und Ansehen entwickeln können, kann wirklich mächtig sein und hat schon viele auf den falschen Weg gelockt. Ja, Geld hat in dieser Welt einen hohen Stellenwert. Doch für Gott, unseren guten Hirten, hatte es das nie. Und wir, seine Schafe, sollten es ihm gleichtun.

Wir dürfen uns immer wieder bewusst machen: Gott hat uns jetzt schon mit allem himmlischen Reichtum ausgestattet. Die Privilegien, die wir als seine Kinder haben, hat kein Top-Manager in seiner Firma. Wir sind Gottes geliebte Söhne und Töchter, seine Erben und Miterben Christi. Alles, was ihm gehört und was er errungen hat, gehört auch uns. Der Reichtum, den wir bei Gott haben, ist mehr wert als alles Gold und Silber dieser Welt zusammengerechnet. Und er ist auch nicht von Werteverlust und Konkurs bedroht.

Einige Christen sehen den materiellen Segen als direkten Beweis dafür, dass man auf dem richtigen Weg ist. „Schau mal her", sagen sie, „welchen Segen ich erfahren habe! Da muss ich doch was richtig gemacht haben, wenn Gott mich so segnet!" Andere dagegen nehmen Jesu Lebensstil als Standard. Sie leben in Armut, erwarten, von anderen beschenkt zu werden, da sie ja nichts oder wenig haben, und sehen den Reichtum anderer als klaren Beweis dafür, dass man an den wahren Prioritäten im Leben vorbeilebt und sich dem irdischen Glanz ergeben hat. Ich persönlich denke, dass es zwischen diesen beiden Polen auch einen Mittelweg gibt. Denn weder irdischer Reichtum und Wohlergehen noch ein Leben in Armut sind ein „Beweis" für wahren Glauben – oder Unglauben.

Unser Gott ist ein Gott des überschwänglichen Reichtums, ein Gott der atemberaubenden Schönheit. Doch dieser Reichtum, diese Schönheit ist für uns hier und heute nur ansatzweise sichtbar. Den Himmel in all seinem Glanz können wir von hier aus gar nicht sehen, und die Reichtümer, die wir jetzt schon im Himmel ansammeln können, erscheinen nicht auf unserem Kontoauszug. Ja, das, was wir hier auf der Erde an Gutem bewirkt haben, wird vielleicht auf dieser Seite des Lebens nirgends erwähnt werden.

Um welchen Reichtum geht es mir? Und welcher Reichtum bleibt bis zum Ende?

Was lass ich zurück

Genau so, wie ich kam, geh ich auch zurück.
Nichts auf meinen Namen nehm ich dorthin mit.
Die Leute werden sagen:
„Es war und ist nicht mehr."
Das Leben ist so flüchtig
und der Abschied fällt uns schwer.

Doch wenn ich geh, so wie ich kam,
würdest du sagen, dass es Sinn macht?
Alles, was ich heute habe,
lass ich doch zurück.

Doch was lass ich zurück?
Was hab ich getan?
Was wird weiterleben,
wenn ich nicht mehr leben kann?
Was kann man hier geben,
das nie an Wert verliert?
Was wird überleben,
wenn dieser Same stirbt?

Es schien mir noch so wichtig,
brachte mich so weit.
Im Rückblick war es nichtig,
verloren war die Zeit.
Diese paar Momente mit dir an meiner Hand,
kostbar, wie uns damals das Leben noch verband.

Warum hat sich Jesus bewusst in seiner Lebensweise eingegrenzt? Warum sollten wir es tun? Weil ein anderer Segen, ein größerer Reichtum auf uns wartet, dort, zu Hause bei ihm.

Und in der Zwischenzeit dürfen wir gesegnet sein mit Frieden, Zuversicht und einer Hoffnung, die uns niemand nehmen kann. Wir brauchen uns nicht zu klammern an Dinge, die der Rost und die Motten fressen. Dort, in seinem Reich, ist mehr als genug. Es gehört uns aber jetzt schon, es ist jetzt schon unser Eigen. Wir sind jetzt schon Miterben.

Es ist eine himmlische Mathematik, die nicht den Grenzen der irdischen Mathematik unterstellt ist. Gott wird uns ein Vielfaches dessen zurückgeben, was wir ihm jetzt geben. Ein Vielfaches! Dieses Versprechen kann er sogar in dieser Niedrigzinszeit einlösen, zu hundert Prozent!

Doch, wir sind reich. Manche materiell mehr als andere. Manche geistlich mehr als andere. Aber der Reichtum, der bleibt, steht uns allen zur Verfügung. Schade, wenn wir ihn aus den Augen verlieren und alle Energie aufwenden, um den vergänglichen Reichtum anzuhäufen.

Mehr als genug

So frei zu sein wie ein Vogel,
der leicht durch die Wolken fliegt.
Er zieht unbeschwert seine Kreise,
ohne Rast und ohne Ziel.

O, ich wünsche mir so sehr
keine schweren Lasten mehr, doch ich weiß:

Deine Gnade ist mehr als genug.
Deine Gnade ist mehr, als ich brauch.
Deine Gnade ist mehr als genug.
Jeden Morgen neu.

So ruhig wie ein kleines Baby
in den Armen der Mutter liegt.
Es weiß sich geliebt und geborgen,
auch wenn es nicht alles versteht.

Nie gibst du mehr, als ich tragen kann,
an jedem Tag gibst du mir die Kraft.
Glauben fängt mit dem Vertrauen an,
denn wenn ich schwach bin,
bin ich stark.

Nur Güte und Gnade werden mir folgen alle Tage meines Lebens

Die Sache mit der Perspektive

Schließen Sie doch mal für einen Moment die Augen und fragen Sie sich: „Was erwarte ich von meinem Leben?“ Es geht jetzt nicht darum, was Sie sich alles wünschen könnten. Sondern um die Frage: Was ist Ihre ganz reale Erwartung vom Leben, von Ihrer Zukunft?

Was sagen Sie sich selbst, wenn Sie sich überlegen, neue Herausforderungen anzunehmen? Was haben andere über Sie und Ihr Leben schon alles gesagt? Haben Sie es geglaubt? Was ist das Motto Ihres Lebens?

Du hast gesagt

Du hast gesagt: „Du bist nicht gut genug."
Und ich, ich hab's geglaubt,
und immer schlechter wurde ich.
Wie kann das sein? Ein Wort verändert meine Welt.
Es darf nicht sein, dass es am Ende recht behält.

Du hast gesagt: „Du bist nicht schön genug."
Und ich, ich hab's geglaubt,
und ganz genau so sah ich mich.
Wie kann das sein? Ein Wort verändert meinen Blick,
war nicht mehr schön und für die ganze Welt zu sehn.

Doch was ich glaubte, das glaub ich nicht mehr.
Manchmal, da fällt mir die Wahrheit noch schwer.
Wahrheit schenkt Freiheit, und frei will ich sein!
Das, was ich glaube, bestimm ich allein.

Du hast gesagt: „Aus dir wird nie etwas."
Und ich, ich hab's geglaubt
und mich seitdem nichts mehr getraut.
Wie kann das sein?
Man wird von außen programmiert,
es kollidiert, bevor man innen resigniert.

Es tut mir leid, ich kann dir nicht mehr glauben.
Schon viel zu lang ließ ich die Kraft mir rauben.
Gott hat gesagt, ich bin unendlich wertvoll.
Und ich bin schön, besser noch als gut genug!

Es ist so traurig, dass es oft wir selbst – und nicht die anderen – sind, die uns sagen:

„Du wirst damit große Schwierigkeiten haben."

„Das wird nicht gut gehen."

„Aus dir wird nie etwas Anständiges werden."

„Das schaffst du nie!"

„Du bist nicht gut genug!"

Warum sagen wir uns so etwas? Vielleicht, weil wir diesen Sätzen Glauben geschenkt haben und sie ein Teil von uns wurden.

Wir können uns das Leben ohne diese Sätze, die sich ganz subtil und leise in unser Leben eingeschlichen haben und uns nun völlig bestimmen, gar nicht mehr vorstellen. Wir kennen sie ja. Halten uns an ihnen fest. Sie geben uns Sicherheit und spannen uns einen Rahmen.

Doch hin und wieder wird sich Ihre Seele regen und leise wagen zu fragen: „Wirklich? Möchtest du das sein? Bist das *du*?" Obwohl wir unsere Seele ohne große Anstrengung zum Schweigen bringen können, meldet sie sich doch immer wieder. Sie will uns zu verstehen geben, dass etwas in uns unharmonisch ist. Dass in unserem Leben, so würde man in der Sprache der Musik sagen, ein „Tritonus" erklingt: ein unharmonischer Klang aus zwei gleichzeitig erklingenden Tönen, die nicht zusammenpassen, sich irgendwie „schräg" anhören.

Was können wir denn tun, wenn wir diesen Tritonus hören?

Genau so, wie unsere Seele mit uns spricht und uns darauf aufmerksam macht, dass etwas nicht stimmt, können auch wir mit ihr sprechen. David jedenfalls hat das getan:

Was beugst du dich nieder, meine Seele, und bist unruhig in mir?
Psalm 42,6a

Wenn wir ganz ehrlich sind, sind unsere tief sitzenden Ängste dafür verantwortlich, dass wir unserer Unruhe nicht so gerne auf den Grund gehen wollen. *Was, wenn ich zu dem Schluss komme, dass ich doch anders handeln sollte? Es doch wagen sollte? Dieses oder jenes in meinem Leben verändern sollte? – Was würde das mit mir machen? Würde mich der Weg in Gebiete führen, die ich nicht kenne? Oh, wie Furcht einflößend …*

Wie schnell uns da doch diese oder ähnliche Sätze in den Sinn kommen und den zarten Hauch von Mut im Keim ersticken! Deshalb ist es so wichtig, *was* wir glauben. Über uns. Über unser Leben. Über unseren Hirten.

Mit welcher Sicherheit doch David diesen Satz geschrieben hat: „Nur Güte und Gnade werden mir folgen alle Tage meines Lebens.“! Wie kam David dazu, diesen selbstbewussten, vor Zuversicht und Hoffnung strotzenden Satz in seinem Lied zu schreiben?

Manchmal sucht man ja als Liedschreiber so verzweifelt nach eleganten Reimen, dass am Ende die kuriosesten Sätze dabei rauskommen. Hauptsache, es reimt sich. Ob dieser Vers in Davids Hirtenlied einer von solchen Sätzen war? Da dichtete und dichtete er mit seiner Laute in der Hand und spielte am Ende des Liedes immer wieder die gleichen Akkorde. Er musste doch noch einen passenden Reim finden. Er wollte, ja, musste das Lied fertig schreiben! Nicht, weil eine Plattenfirma eine Deadline verordnet hätte. Nein, er tat es einfach für sich selbst.

So viele Ideen, so viel Inspiration, so viele angefangene Lieder in der Schublade! Da könnte man doch echt mal wenigstens eines zu Ende schreiben. Und es soll ja gar nicht lang sein, dieses Hirtenlied. Nicht wie die anderen. Dieses soll in ein paar Versen alles sagen, was mein Vertrauen in meinen Hirten ausmacht, nicht nur heute, sondern auch morgen. Also, dann überlege ich mir jetzt einen guten, ausdrucksstarken Schluss …

Kann sein, dass David solche Gedanken durch den Kopf gingen. Aber ich glaube es eher nicht. Dafür ist das ganze Finale – sind die Worte, die unerschütterliche Gewissheit einer Zukunft ganz nah beim Hirten ausdrücken– einfach zu stimmig.

Stellen Sie sich vor, man könnte David einfach mal interviewen …

„David, du schreibst davon, von Güte und Gnade geradezu verfolgt zu werden. Das ist ja schon ein starker Ausdruck. Denkst du denn dabei an die Tage, Wochen und Monate, in denen du von deinem Vorgänger, König Saul, verfolgt wurdest und um dein Leben fürchten musstest? Das war sicher ganz furchtbar. Jetzt redest du davon, dass du von Güte und Gnade verfolgt wirst. Kannst du das erklären? Wieso bist du dir so sicher, was deine Zukunft angeht? Deine Vergangenheit war ja bekanntlich nicht so rosig. Hast du diese Zeit verdrängt?"

Vielleicht hätte David in etwa Folgendes geantwortet:

Schön, dass Sie fragen. Ich liebe es, davon zu reden, zu singen und zu schreiben, wie gütig Gott, mein Hirte, ist. Nicht, dass ich alles verstanden hätte, denn irgendwie ist das alles zu wunderbar und zu hoch, ich kann es gar nicht verstehen. Aber er umgibt mich und kennt mich durch und durch. Ich könnte gar nicht schnell genug irgendwohin fliehen – er wäre schon vorher dort. Er hat mich von allen Seiten umgeben. Und das, was in meinen Augen wie Dunkelheit aussieht, ist nicht dunkel bei ihm. Können Sie sich das vorstellen?

Ich habe ein Lied darüber geschrieben, vielleicht kennen Sie es ja: Psalm 139. Es beschreibt dieses Wunder, dass Gott mich durch und durch kennt. Es gibt mir Zuversicht. Für diesen Moment. Er sieht klar und versteht genau, was gerade passiert. Auch das Morgen ist vor ihm nicht verborgen. Ihn wird nie etwas in meinem Leben überraschen. Kann man fast nicht glauben, oder? Wir sind ja frei, unsere eigenen Entscheidungen zu treffen – und er weiß es schon vorher! Unglaublich! Können Sie sich das vorstellen?

Aber er kennt auch meine Vergangenheit. Darüber wird nicht so oft gesungen oder gesprochen. Oft haben wir es so eilig vorwärtszugehen und möchten uns nicht gerne an das erinnern, was hinter uns liegt. Wir wollen nach vorn schauen, weiterkommen. Dabei vergessen wir oft, dass wir die Vergangenheit noch im Gepäck haben und dass sie immer noch etwas mit uns macht. Doch auch da ist Gott gegenwärtig. Der Herr ist hinter mir. Auch meine Vergangenheit hat er im Blick.

Als ich noch die Schafe meines Vaters hütete, musste ich manchen Schafen, die ihren eigenen Kopf hatten und überzeugt davon waren, sie wüssten es besser als ich, hinterherrennen und sie mit meinem Stab davon abhalten, den Felsen hinunterzufallen. Sie rannten voller Elan genau auf den Abgrund zu, und wussten gar nicht, dass ich hinter ihnen war und sie in letzter Sekunde vor dem sicheren Tod rettete! Ich meinte es gut mit den Schafen. Und ich meine es auch jetzt als König gut mit meinem Volk. Ich habe Gutes für die Menschen im Sinn, wenn ich ihnen Rückendeckung gebe. Wie viel mehr wird dann also der Herr, mein Hirte, mir Rückendeckung geben?

Ich habe es mir zur Angewohnheit gemacht, ihn mutig zu bitten, meine Dunkelheit hell zu machen. Mein Herz zu erforschen. Vielleicht ist mein Herz oder sind meine Gedanken ja einen Weg gegangen, der zu Schmerzen führen wird?

Ja, manche finden es mutig, so zu beten, denn es könnte ja sein, dass man etwas sehr Unschönes in seinem Leben findet, und sich dann gezwungen sieht, einen idyllisch aussehenden Weg nicht weiterzugehen, sondern umzukehren. Doch Gott ist Güte und Gnade in Person, und er steht hinter mir – sieht aber auch den Abgrund, auf den ich möglicherweise zulaufe. Da habe ich doch nur zu gewinnen! Wenn meine Seele entmutigt ist, spreche ich mit ihr und richte sie wieder auf den guten Hirten aus; ich sage dann zu ihr: „Harre auf Gott!"

Schließen Sie doch jetzt noch mal die Augen und verinnerlichen Sie diese wunderbaren Wahrheiten aus den Psalmen Davids:

Ich bin ummantelt von Gnade und Güte.

Egal, wo ich hingehe, der Herr wird dort sein.

Nichts ist vor ihm verborgen.

Mein Körper ist ihm bis ins kleinste Detail bekannt, auch meine Gedanken, mein Herz, meine Wünsche.

Er meint es gut mit mir und möchte mich auf rechter Straße und auf ewigem Weg leiten.

Was macht das mit Ihren Erwartungen für Ihr Leben?

Wenn alte Sätze hochkommen und Ihnen diese Zuversicht rauben wollen, lassen Sie den Herrn hinein – genau in diese Räume. Das Dunkle wird dann Licht, das Verborgene offenbar werden.

Komm in mein Haus

Du kennst mein Herz, siehst jeden Winkel.
Du kennst die Schatten auch.
Die Tür verschlossen, kein Fenster offen,
ich komme hier nicht raus.

Komm in mein Haus,
du bist eingeladen!
Füll du es aus mit Liebesstrahlen!
Was ich nicht brauch,
komm, werfen wir's hinaus.
Komm und wohn in meinem Haus.

An dieser Tür steht: „Nicht betreten!“
Es ist nicht schön, was dort geschah.
An deiner Hand will ich es wagen!
Komm du mit mir hinein.

Mach mich rein, mach mich schön,
fülle mich mit deinem Glanz.
Mach mich stark, mach mich frei!

Ich werde wohnen im Haus des Herrn für alle Zeit

Dort, wo ich zu Hause bin

Der englische Baptistenprediger Charles H. Spurgeon, einer der bekanntesten Prediger des 19. Jahrhunderts, schrieb einmal:

Während ich hier bin, werde ich ein Kind sein im Hause meines Gottes. Die ganze Welt soll mir sein Haus sein, und wenn ich in das obere Stockwerk gehe, werde ich meine Gesellschaft nicht wechseln und noch nicht mal das Haus; ich werde einfach nur im Obergeschoss des Hauses meines Herrn wohnen, für immer.

Spurgeon wird den Psalm 23 ohne Zweifel geliebt haben. Für ihn war die Vorstellung, für die ganze Ewigkeit im Haus Gottes zu wohnen, ein unwahrscheinlich schöner Gedanke.

Ich glaube, ohne diesen letzten Satz „Ich werde wohnen im Haus des Herrn für alle Zeit" wäre der Hirtenpsalm Davids nicht wirklich fertig, nicht „rund" gewesen.

Es gibt Menschen, die haben es auf dieser Seite des Lebens so schwer, dass es fast schon anmaßend ist, wenn man ihnen von saftigen Wiesen und von Güte und Gnade erzählt. Ob sie es glauben können, ob sie daran festhalten können, dass Gott es gut mit ihnen meint? Ja, bei manchen von ihnen ist die Hoffnung auf das „Danach" so groß, dass sie sie durch diese schweren paar Jahre hier auf dieser Erde hindurchträgt. Andere Menschen wiederum erleben ihr Leben hier als so schön und erfüllend, dass sie vergessen, dass es bald vergehen wird, dass die Welt nur so etwas wie eine vorübergehende Ferienwohnung ist, wo alles etwas kleiner und schmächtiger ausfällt. Unser wirkliches Zuhause kommt erst noch.

Gott möchte, dass Sie in seinem Haus Ihr Zuhause finden. Warum möchte er, dass Sie bei ihm wohnen? Ganz einfach, weil er Ihr Vater ist.
Max Lucado

Der Gedanke, dass mein guter Hirte mich durchträgt, mich so perfekt führt und mich sicher ans andere Ende führen wird, dorthin, wo mein Zuhause ist, dorthin, wo er ist, macht mich unendlich froh und gelassen. Nicht auf dem Leben hier liegt der Schwerpunkt, sondern auf dem Leben dort. Aber das Entscheidende ist, dass das Dort bereits hier entschieden, vorbereitet und gestaltet wird. Hier und jetzt entscheide ich, ob er mein Hirte sein darf, ob ich ihm so weit vertrauen möchte, dass er mich lagern darf. Hier und jetzt entscheide ich, ob ich mich seiner Führung anvertrauen will, auch wenn die „Pfade der Gerechtigkeit" mich manchmal durch dunkle Täler und an felsigen Hängen vorbeiführen. Hier und jetzt entscheide ich, ob ich nah an meinem Hirten bleibe und die Versiegelung, den Schutz und die Heilung durch sein kostbares Öl in Anspruch nehme.

Zu Hause

Sag mir, wo gehör ich hin,
wo ich nicht verloren bin,
wo ich ganz und gar ich selbst sein darf,
bedingungslos geliebt?
Sag mir, wo gehör ich hin
und wie ergibt mein Leben Sinn?
Wo ist der Ort, der meine Sehnsucht stillt,
wo ich ganz sicher bin?

Bei dir bin ich zu Haus.
Ich breite meine Flügel aus
und gleite zu dir hin,
weil ich bei dir geborgen bin.

Oh, ich liebe diesen Ort.
Ich will nie mehr von hier fort,
weil du mich kennst und liebst
und schon in mir siehst,
was sich mir bisher verschließt.

Ich breite meine Flügel aus
und fliege mit dem Wind.
Und mich umfängt die Ewigkeit,
weil ich ganz nahe bei dir bin.

Mein Hirte führt mich durch das Hier zum Dort. Genau jetzt, in diesem Moment, bereitet er mein himmlisches Zuhause für mich vor. Was für ein schöner Gedanke!

Als ich Keith heiratete, meinen Namen änderte und in mein neues Zuhause zog, war es noch lange Zeit ungewohnt für mich, nach einem langen Arbeitstag „nach Hause" zu gehen. Noch lange Zeit war eher mein Elternhaus mein Zuhause.

Als ich in den ersten Ehejahren einmal krank wurde, zog es mich sofort nach Hause zu Mama. Mein Vater staunte Bauklötze. „Du bist doch jetzt eine Nelson. Was machst du denn hier?!" Hier habe ich meine Kindheit erlebt, hier bin ich aufgewachsen. Und ich war überzeugt: Das wird auch immer mein Zuhause bleiben. Nach einigen Jahren stellte ich fest, dass bei Besuchen bei meinen Eltern das Zuhause von Mal zu Mal fremder für mich wurde – obwohl es vertraut war und sich nicht so viel verändert hatte seit meiner Kindheit. Aber ich war jetzt erwachsen geworden. Ich hatte eine neue Heimat gefunden und dort Wurzeln geschlagen.

Bei jedem Umzug danach erlebte ich es dann wieder: dass mein Herz Zeit brauchte, sich an ein neues Zuhause zu gewöhnen.

Wie wäre es, wenn ich mich im Hier und Jetzt schon auf mein himmlisches Zuhause einstelle, darauf, dass dies meine Heimat wird – auch wenn ich hier noch viel zu tun habe und mich in dieser Welt eingerichtet habe? Wie wäre es, wenn ich mir immer mal wieder vergegenwärtige, dass vieles von meinem Leben, meiner Arbeit sich einmal in Luft auflösen wird – und anderes, was jetzt weniger sichtbar erscheint, später einmal reichlich Früchte tragen wird? Ich weiß ja: Wenn das Leben hier vorbei ist, gehe ich nach Hause. Wenn ich dieses Wissen ganz tief in mir hätte, dann würden sich meine Prioritäten neu ordnen. Ich würde mich immer mehr verändern. Ich würde ganz sicher den Menschen um mich herum mehr Aufmerksamkeit und Liebe schenken – und weniger irgendwelchen Dingen. Mein Geld wäre dazu da, um Menschen zu dienen und ihnen zu helfen, und nicht nur, um es zu haben …

Ich werde wohnen im Haus des Herrn für alle Zeit. Also für immer. Können Sie sich das vorstellen, für immer ein Zuhause zu haben? Da schaut Sie keiner komisch an, wenn Sie mit dreißig noch dort wohnen. Da werden Sie nicht rausgeschmissen, wenn die Vermieter verkaufen wollen. Sie werden dort nicht nur vorübergehend bleiben können, bis Sie etwas Endgültiges gefunden haben.

Nein, das Wohnrecht im Hause Gottes ist unbefristet, für eine ganze Ewigkeit.

Mit dieser großartigen Perspektive dürfen wir gelassen leben. Unser Ziel steht fest. Unsere Heimat kann uns keiner nehmen. Der Hausherr, unser himmlischer Vater, bereitet schon unsere Wohnungen vor.

Denn hier auf der Erde gibt es keinen Ort, der wirklich unsere Heimat wäre und wo wir für immer bleiben könnten. Unsere ganze Sehnsucht gilt jener zukünftigen Stadt, zu der wir unterwegs sind.
Hebräer 13,14; NGÜ

Schlusswort

Und als Jesus aus dem Boot trat, sah er eine große Volksmenge und wurde innerlich bewegt über sie, denn sie waren wie Schafe, die keinen Hirten haben. Und er fing an, sie vieles zu lehren.
Markus 6,34

Es gibt nicht sehr viele Stellen in der Bibel, an denen wir lesen, dass Jesus innerlich bewegt war. Bei Lazarus am Grab weinte er, obwohl er wusste, dass sein Freund Lazarus in der nächsten halben Stunde wieder angezogen und plaudernd unter seinen Lieben sein würde. Lebendig. Was hat Jesus so bewegt? Ich glaube, das, was ihn immer wieder traurig machte und enttäuschte: mangelnder Glaube. Kleinglaube. Wenn es hart auf hart kommt, verlieren wir das bisschen Glauben, das wir in guten Zeiten hatten und wovon wir dann leicht reden können – in der dritten Person: Ja, klar, der Herr ist mein Hirte.

Aber wenn uns der Boden unter den Füßen wegbricht, verlieren wir entweder unser Vertrauen – oder aber wir wenden uns dem Hirten ganz persönlich zu: *Du bist bei mir. Dein Stecken und dein Stab, sie trösten mich.*

Was hat Jesus bewegt an der großen Menschenmenge, die ihm gefolgt war, obwohl er sich doch gerade ein ruhiges Plätzchen gesucht hatte, um sich dort auszuruhen? Die Menschen waren innerlich am Verdursten. Waren von seinen Wundern angerührt und brauchten Heilung. Aber obwohl sie ihm folgten, waren sie wie Schafe ohne einen Hirten. Sie kamen, weil es etwas zu holen gab. Liefen dem neusten Trend hinterher, oder besser gesagt, dem wunderwirkenden Wanderprediger aus Nazareth. „Es kann ja nicht schaden", haben sie vielleicht gedacht. Aber die Menschenmenge wurde nicht geleitet, auch wenn sie für eine gewisse Zeit fleißig dem Meister hinterherpilgerte. Jesus ahnte: Wenn der erste Sturm kommt, dann, wenn es nicht mehr so gemütlich oder so sensationell sein wird, werden sie sich wieder von ihm abwenden. Und das machte Jesus unsagbar traurig. Er wusste:

Die Menschen sind wie umherirrende Schafe, und Schafe brauchen einen Hirten. Einen ganz persönlichen.

Vielleicht haben sie die anrührende Geschichte vom behinderten Henry schon einmal gehört. Henry war der Sohn eines Bergbauern und lebte mit seinen Eltern auf einer Alm in den Bergen. Sein Vater soll ihm den ersten Satz von Psalm 23 ganz praktisch beigebracht haben. Der Herr ist mein Hirte. Fünf Worte. Fünf Finger. So konnte Henry sich das gut merken. Er begann beim Daumen für das Wort DER und hielt sich als Nächstes den Zeigefinger – für HERR. Der Mittelfinger stand für IST und bei MEIN war der Ringfinger dran. Für HIRTE hielt Henry den kleinen Finger fest.

Eines Tages wurde seine Mutter sehr krank und der Vater schickte ihn zur Apotheke ins Nachbardorf. Er selbst blieb solange bei der Mutter. In etwa einer Stunde würde Henry es geschafft haben und wieder zu Hause sein. Als der Junge die Arznei gekauft hatte, war es schon fast dunkel geworden, und er lief rasch nach Hause. Auf einmal hörte er ein lautes, donnerndes Geräusch. Es war eine Lawine. *Nichts wie weg hier*, dachte er sicherlich. Doch es war zu spät. Die Schneemassen erfassten den Jungen und begruben ihn unter sich. Auch die Menschen im Dorf hatten das laute Donnern gehört. Ob jemand verunglückt war? Der Vater machte sich mittlerweile große Sorgen: Wo blieb Henry so lange? Schließlich zogen Bauern des Dorfes los und suchten stundenlang nach dem Jungen, gruben tief im Schnee. Endlich entdeckten sie ihn. Da lag Henry. Er war tot. Mit einer Hand hatte er den Ringfinger der anderen Hand umklammert. Der Vater wusste sofort, was das bedeutete. Henry hatte seinen Eltern erzählt, dass Jesus sein guter Hirte geworden war. Als er von der Lawine ergriffen wurde und sah, dass er nicht mehr fliehen konnte, dachte er an Jesus, seinen Hirten. Der Ringfinger stand für MEIN Hirte. Er war ganz nah bei ihm und hatte ihn zu sich nach Hause geholt.

Können auch Sie von ganzem Herzen sagen: „Der Herr ist *mein* Hirte“? Darf er Sie durchs Leben führen?

Der Hirte möchte Sie ganz in seiner Nähe haben. Er sehnt sich danach, dass Sie ihm vertrauen. Er will für Sie sorgen. Heute. Morgen. Und für eine ganze Ewigkeit.

Psalm 23

Auf grünen Auen ruhe ich,
an frischen Wassern trinke ich.
Du gibst mir Kraft, erneuerst mich und führst mich.
Ich bin gewiss, denn du bist mein Hirte,
mir mangelt nichts,
bist mein Begleiter, ich fürcht mich nicht.
Liebe und Gnade begleiten mich.
In deinen Armen ruhe ich.

Sefora Nelson

Durch dunkle Täler laufe ich,
und Todesangst umschattet mich.
Du rufst mir zu: Fürchte dich nicht, mit meinem Stab
beschütze ich dich, denn ich bin dein Hirte,
dir mangelt nichts,
bin dein Begleiter, so fürcht dich nicht.
Liebe und Gnade begleiten dich.
Auf meinen Schultern trag ich dich.

Du lädst mich ein,
ich setze mich an deinen reich gedeckten Tisch.
Die andern schaun, wie du mich grüßt.
Du gibst mir mehr als genug.
Ja, du bist mein Hirte, mir mangelt nichts,
bist mein Begleiter, ich fürcht mich nicht.
Liebe und Gnade begleiten mich.
In deinem Haus, da wohne ich.

Nachwort

Im Kapitel „Er lagert mich auf grünen Auen …“ habe ich von meinem Besuch bei Phoniator erzählt. – Nein, seit meinem letzten Besuch beim Facharzt habe ich kein halbes Jahr die Klappe gehalten, auch keine Konzerte abgesagt. Zwar habe ich einige Therapien gemacht, aber trotzdem weitergesungen …

Beim letzten Konzert ist es dann passiert: Meine Stimme hat aufgegeben. Schon beim Soundcheck merkte ich es. In der Backstage liefen mir leise die Tränen, doch ich begab mich dann doch auf die Bühne. Ich sang, aber die Töne brachen einfach ab, manche kamen überhaupt nicht. Kurzerhand entschloss ich, fast alle Lieder etwas tiefer zu singen, damit es überhaupt ging. An diesem Abend sprach ich vom dunklen Tal, vom guten Hirten, davon, wie er uns manchmal etwas nimmt, was uns so wichtig erscheint. Ich erzählte, dass er uns manchmal unsere Sicherheiten nimmt, damit wir ihn sehen. Ob ich im Grunde zu mir selbst gesprochen hatte? Vielleicht.

Irgendetwas war anders in diesem Konzert. Als unsere Ausrüstung vestaut war und wir die Heimfahrt antraten, spürte ich, wie etwas von mir abfiel – mir genommen wurde. Das Gefühl war so stark, und gleichzeitig spürte ich Gottes Sehnsucht und Liebe nach mir. Er nahm mir meine Stimme und wollte mich dafür ganz nah bei sich haben. Ich war so überwältigt von der Trauer, der Liebe, der Sehnsucht und dem Gefühl, keinen Druck mehr zu haben. Meine Gedanken wirbelten durcheinander. *Werde ich am nächsten Wochenende meine Konzerte schaffen, wenn ich die Stimme die nächsten Tage gut schone? Werde ich ein paar absagen müssen?* Es war nur eine leise Vorahnung, ein diffuses Gefühl, dass ich den Tourbus so schnell nicht mehr sehen würde. Ich ahnte, dass ich nun eine Welt hinter mir lassen würde, aber wusste nicht, ob ich sie wiedersehen würde …

Es folgte ein Tag des Schweigens mit vielen, vielen Tränen. An diesem Tag habe ich aufgegeben in seinen liebenden Armen, mich von seiner Stimme rufen lassen. Und ich spürte ganz deutlich, wie er mir zuflüsterte:

„Vertraust du mir? Mit allem? Auch, was deine Stimme betrifft?" Ich hatte mich auf die vielen Konzerte, die mir bevorstanden, schon so gefreut. Doch ich wusste: Er ruft mich heraus – für eine Zeit mit ihm.

Er will mir Raum geben, Ruhe und neue Kraft. Er möchte, dass ich ganz nah bei ihm bin. Und meine Sehnsucht nach ihm wird größer und ich wünsche mir seine liebende und heilende Gegenwart jetzt sogar mehr als die tollen Konzerte. Ja, ich will. Ich möchte ein Jahr mit ihm. Ein ganzes Jahr. Ich habe alle Konzerte abgesagt und mich auch schweren Herzens von meinem Team verabschiedet. Ich weiß nicht, was nach dem Jahr sein wird, doch ich bin mir meiner Berufung mehr denn je bewusst: Ich werde wieder singen. Nach dem dunklen Tal wird er mir den Tisch decken. Denn er, der Herr, ist mein Hirte.

Sefora Nelson, im Juni 2016

Der Verlag weist ausdrücklich darauf hin, dass im Text enthaltene externe Links vom Verlag nur bis zum Zeitpunkt der Buchveröffentlichung eingesehen werden konnten. Auf spätere Veränderungen hat der Verlag keinerlei Einfluss. Eine Haftung des Verlags ist daher ausgeschlossen.

FSC www.fsc.org
MIX
Papier aus verantwortungsvollen Quellen
FSC® C083411

1. Auflage 2016
Bestell-Nr. 817145
ISBN 978-3-95734-145-7

Umschlaggestaltung unter Verwendung von Shutterstock
Lektorat: Verena Keil
Satz: Greiner & Reichel GmbH, Köln
Druck und Verarbeitung: CPI books GmbH, Leck
Printed in Germany

www.gerth.de